続日本政治思想史

The History of Modern Japanese Political Thoughts II

広岡守穂［著］

HIROOKA Moriho

有信堂

続日本政治思想史／目　次

第一章

帝国主義の中の日本

1　新しい国際秩序への適応――万国公法と帝国主義

国家体制の基本は憲法と条約

一八六八（明治元）年、大政奉還から江戸城明け渡しを経て幕藩体制は崩壊し、新政権が誕生した。尊王攘夷を叫んだ倒幕派だったが、新政権は早々と攘夷をすて、欧米列強の仲間入りを果たすことを最大の国家目標として国づくりに取りかかった。その合いことばが文明開化、富国強兵、殖産興業だった。

大日本帝国憲法が発布されたのは一八八九年、第一回帝国議会が開かれたのが翌一八九〇年だった。条約改正のほうでは、一八九四年に結ばれた日英通商航海条約によって、治外法権の撤廃と対等の最恵国待遇が定められ、関税自主権も部分的に回復した。それによって他の一四カ国とも同じ内容の条約が結ばれた。そして一九一一年になって、新しい日米修好通商条約が結ばれ、ようやく関税自主権も完全に回復した。他の列国とも同様の条約が結ばれた。

条約と憲法は国家構造の基本的な骨組みである。条約は国家の基本法である憲法と同等の重みを持つ。憲法や民法など法体制の整備にほぼ四半世紀の時間を要した。憲法制定に二〇年以上もの年月がかかったということは、倒幕派が国家体制についてはっきりした青写真を持っていなかったことを物語っている。幕末に飛び交った政治スローガンの中に国家体制を象徴するシンボルをさがせば公議輿論であろうが、尊王攘夷にくらべて公議輿論はなんとなく影がうすい。そのうえ明治になってから浮上した重要な政治スローガンの自由民権は、反政府派がかかげたシンボルだった。憲法制定において公議輿論と自由民権はきわめて重要である。憲法発布まで二〇年以上もかかったのは、そのようなことに由来するといえる。一方、条約改正には一八五八年の安政五カ国条約が結ばれたときから数えて、五三年の年月がかかった。条約改正は相手のあることだから、周到な準備をしなければならない。時間がかかったのはやむを得ないことだった。とにもかくにも条約改正は明治国家の悲願だった。

幕末維新期の国際観

幕府はペリー来航に強い危機感を抱き、開国に踏み切ったのであった。幕府は一八四〇年には、オランダ別段風説書によってアヘン戦争（一八四〇〜一八四二）の情報を把握していた。戦争の顛末を伝え聞いて、イギリスはじめ西欧諸国の軍事力が想像をこえて強大であること、西欧列強は軍事力によって非西欧世界の諸国を屈服させていることを知っていたのである。だから攘夷が国を滅ぼしかねないことを、幕府は切実に認識していた。国際社会は弱肉強食の世界であり、それゆえ慎重のうえにも慎重に行動しなければならないと覚悟していた。そのうえアロー戦争（一八五六〜一八六〇）で清国が英仏連合軍に敗れたことをアメリカ領事タウンゼント・ハリスから知らされて、一八五八年、幕府は日米修好通商条約を締結した。

それからまもなく日本の政治指導層は、万国公法（国際法）というものがあることを知る。西欧諸国は問答無用の行動をしているのではなく、いざとなると軍事力にものをいわせるのは確かだとしても、一定の理屈とルールに従っているのだということを知るのである。日本人はそれまで中国を中心とする華夷秩序しか知らなかったのであるから、万国公法の世界は日本人にとってまったく新しい国際秩序だった。

万国公法の国際関係は主権国家によって構成されている。主権国家は領土と国民についてすべてのことがらを処理する権力を持つ。主権国家には大小あるが、大国も小国も対等である。そうして国家は文明国と未開国と野蛮の三つに区分され、完全な主体として認められるのは文明国だけであった。

こういう考え方は華夷秩序に親しんできた日本人には、まったく馴染みのない考え方だった。華夷秩序は中国を中心とする国際秩序で、そのかなめは冊封体制である。冊封体制とは、周辺国は中国の優越性を認めて朝貢する、中国はそれらの国ぐにの支配の正当性を認めるという国際体制である。そして中華文明の圏域に属さないものは化外（けがい）の民と呼ばれた。それまで華夷秩序しか知らなかった日本は、有無をいわさぬ力によって、いよいよ万国公法の世界に引きずり出されようとしていたのであった。

ホイートンの『万国公法』

ところでアロー戦争に敗れた清国は欧米の主権国家システムの受け入れを余儀なくされた。清国もまた否も応もなく万国公法の世界に引きずり込まれようとしていたのである。清国はいよいよ欧米諸国との対等な関係に入ることになったが、長い間華夷秩序に慣れた人びとには主権国家システムのルールを理解することは容易でなかった。そこで中国人に国際法の仕組みを理解させるために国際法の古典を漢訳しようとしたのが、アメリカ人宣教師のウィリアム・マーティン（中国名：丁韙良）であった。

マーティンが訳したのは、ヘンリー・ホイートンの"Elements of International Law"であった。"Elements of International Law"は一九世紀中ごろの欧米において、グロチウスの『戦争と平和の法』に並んで最も権威ある国際法の著作だった。翻訳は一八六四年に完成し『万国公法』という書名で刊行された。これはすぐに日本にも伝わり、六五年には早くも幕府の開成所により復刻出版された。日本人はこれを熱心に研究した。

アロー戦争後、清は「中体西用」を理念として近代化に取り組んだ。洋務運動である。だが大清帝国という旧体制のままで近代化をめざすのは容易ではなかった。日本も、ほぼ同じ時期に明治維新を経て富国強兵の道を歩み始める。華夷秩序の周辺にいた日本が主権国家システムに適応することは、清国ほど困難ではなかった。そしてそれからほぼ三〇年後に、両国は戦火を交えることになるのである。

余談になるが、中国の革命家であり思想家であった梁啓超は、日清敗戦後に康有為とともに変法運動に乗り出す。しかし変法派は西太后や袁世凱によって弾圧され、一八九八年、梁啓超は日本に亡命する。その後一九一二年に辛亥革命が起こるまで亡命生活をおくった。日本滞在中のある日、梁啓超は副島種臣を訪ねた。このとき梁啓超は、明治維新以来、日本は急速な発展をとげたが、いったいどんな西洋書から学んだのかと尋ねた。すると副島は、あなたの国はわが国より数十年も前に開国したではないか。それでたくさんの漢訳洋書が出されたではないか。自分が外務卿を務めたのも、漢訳『万国公法』を読みこなしていたからだと答えた。ちなみに副島種臣は岩倉使節団が洋行するときに外務卿に就任して、明治六年の政変で下野するまでその職にあった。マリア・ルス号事件が起こったのは在職中のことだった。

西周の『万国公法』

一八六二年、幕府は一五人の留学生をヨーロッパに派遣した。西周（一八二九～一八九七）はそのひとりで、西は津田真道といっしょにオランダのライデン大学で学んだ。西と津田はフィッセリングのもとに通い政治や法律を学んだ。一八六五年に帰国した後、西はその講義録を『畢洒林氏万国公法』四巻として公刊した。一八六八年のことであった。

ちなみに榎本武揚（一八三六～一九〇八）も、このときオランダに留学したひとりである。榎本はオランダで船舶運用術などの軍事技術や海洋法にきわめてくわしくなった。戊辰戦争のとき最後まで官軍に抵抗した榎本であったが、処刑されなかった。それどころか政府に出仕し、のちに新政府の大臣を歴任することになる。榎本の知識と才覚はそれほどに惜しまれたのであった。

さて、日本人はこのようにして主権国家システムにおける国家間関係の構造を学んだ。幕末から明治一〇年代にかけて、日本人にとって国際社会が何らかの道徳的な価値を共有しているという認識があったかと考えると、激しく攘夷をとなえていたくらいであるから、最初はそういう認識はなかった。しかし「五箇条の御誓文」に見える「天地の公道」ということばが万国公法の考え方を踏まえているように、明治になると万国公法という思想がじょじょに広がった。万国公法が文明国・未開国・野蛮の三区分をしていることはすでに述べたが、文明国の仲間入りを果たすことが最も重要な国家目標になった。

万国公法と帝国主義

日本では万国公法は自然法的な秩序という側面が比較的強調された。しかし主権国家システムは決して安定した秩序を支える不変の道理にもとづく仕組みではなかった。主権国家システムは、一六四八年のウエストファリア条約でつくられたが、一九世紀にナポレオン戦争後のヨーロッパの国際秩序をつくったウィーン体制においてはヨーロッパ協調がうたわれた。それを主導したのはオーストリアの宰相メッテルニヒだった。しかし一九世紀中ごろになると、ヨーロッパではナショナリズムが台頭し、ヨーロッパ協調の思想は機能しなくなった。一八六〇年代には、実力がものをいうようになり、パワー・ポリティックスの論理が支配するようになる。露土戦争のあと、ロシアとイギリス・オーストリアとが対立したとき、一八七八年、ビスマルクの仲介でベルリン会議が開催された。会議では参加七カ国の複雑な利害関係が調整され、その結果ベルリン条約が結ばれた。ドイツの宰相ビスマルクが綿密に計算された同盟関係をはりめぐらせた。いまや協調ではなく勢力均衡（バランス・オブ・パワー）が国際秩序の原理になっていた。

一八七〇年代には帝国主義の時代になっていた。万国公法は文明国と認め合う国家の間では相互の権益を尊重し合ったが、一皮めくればお互いにしのぎを削る弱肉強食の世界だった。なかんずく未開、野蛮の国に対して、文明国はきわめて非文明的にふるまった。世界分割が進み一八八〇年代になると、列強の手はいよいよ東アジアにまで伸びてきていた。

国益と勢力均衡

さて少しさかのぼって、勢力均衡の考え方が台頭した背景を瞥見しておこう。一八四〇年代になると、ドイツ、アメリカが石油・鉄鋼などの分野で産業革命を起こし、イギリスをしのぐ勢いを見せた。こうして第二次産業革命が進展するとともに、それまでの自由放任主義に代わって、国家による産業の保護育成が本格的になった。一八七〇年代には、ナショナリズムと富国の両方が前面に押し出されるようになった。外交政策は、国家の安全と国益を軍事と経済の両面から総合的に組み立てられるようになっていったのである。

明治国家がかかげた富国強兵はまさしくそのような国益観に合致するものだった。というより国益についての観念を、日本は欧米諸国から学んだのであった。そうして日清戦争までは、具体的な意見の違いはあったとしても国がめざすべき方向そのものについての対立は政界にも言論界にもほとんどなかった。そのうえ一八八〇年代から列強の関心はいよいよアジアに向かっており、いちはやく中国に進出したイギリスは、中国南部や東南アジアでフランスと、朝鮮半島や中央アジアでロシアと争い、ドイツも中国に進出し、アメリカはフィリピンとハワイを併合した。そういう時代に、日本は欧米列強の仲間入りをしようと名乗りをあげたわけである。

世界の中の日本をしっかりととらえたか

尊王攘夷を合いことばにして誕生した新政権であったから、国際観はきわめて重要である。そういっていいはずだが、明治の思想からふところの広い国際観を見つけだすのは容易ではないように思われる。外国事情に通じたものは大いに啓蒙的役割を果たしたし、文明開化をめざす営みは思想界にひしめいていた。しかしその反面、新しい世界秩序、つまり万国公法の世界の中で、日本をどのように位置づけ、日本の進路をどのように見定めるかということになると、深く考えぬいたといえるものは意外に少ない。

わたしがいいたいのは、明治の外交論に福沢諭吉の脱亜論をこえる思想を見つけるのは難しいのではないかということである。「脱亜論」は一八八五年に「時事新報」に掲載された。福沢諭吉は、清と朝鮮は旧套を墨守することに汲々としている。情勢は切迫している。いつまでも両国が近代化するのを待つわけにはいかない、として西洋諸国の仲間入りをめざすのに猶予はないと論じた。文章の最後は「我は心に於いて亜細亜東方の悪友を謝絶するものなり」ということばで結ばれている。なお「脱亜論」は福沢諭吉の文章だとされてきたが、異説もある。執筆者はだれであれ福沢の考えに近いことは間違いないだろう。

日清戦争まではもちろんのこと、昭和戦前を通じて、政界にも言論界にも、思想的な深みを持つ外交論は意外に乏しい。新聞論調を見ると、ほぼ一貫して対外強硬論に徹していたといっても、あながち間違いとはいえない。その最も象徴的な存在は徳富蘇峰である。一八八六年に、将来は「生産機関中心の社会」になり、世界は平和になるだろうと論じてはなばなしく登場した蘇峰だったが（『将来之日本』）、日清戦後、三国干渉に接したとたん帝国主義に転向したのだった。第二に、政党も十分な洞察と情報にもとづいて政策を論じていたとはいいにくい。政党は政権に参画することに汲々とし、威勢のいい主張で国民の支持を得ようとした。そのため一九三〇年代になると、しばしば軍部の片棒を担いだ。第三に、では外交の主体である政府はどうだったかというと、そもそも政府は極端な秘密主義だった。適切に情報を公開していたとはいえない。国際環境が激変した一九二〇年代になっても、外務省は古い帝国主義的発想にしばられていた。何しろ一九二〇年代まで、最も膨張主義的だったのは軍部でなく外交担当者だったのである。日清日露戦争も第一次世界大戦への参戦も、対華二一カ条要求も外交主導だった。そして第四に、何より軍部が、国の総合的な力と立場を十分に考慮しなかった。そのことは桂太郎や寺内正毅より下の世代に顕著にあらわれ、時代を下るにつれて、軍部は領土獲得ばかり考えるようになっていった。そして経済力も国際関係も視野にない冒険的な行動に向かっていったのである。

2　明治憲法体制と軍部の位置づけ

欧化主義と対外硬派

国際社会との絡みを見すえつつ、しばらく内政に目を転じておこう。

いかにして条約改正にこぎつけるか。鹿鳴館に象徴されるように、伊藤博文や井上馨は急速な欧化路線を進めた。しかし他方で性急な欧化に対する反対も根強かった。だれもが欧化は不可欠だと考えていたが、欧化は必然だとしても、外国勢力に膝を屈するような西洋化には断固反対する人たちが政府内にも宮中にも民間にもいたのである。民間で政府批判の運動を展開したのは、興亜会のような大アジア主義者や自由民権運動のながれを汲む人びとや政教社のようなナショナリストの言論人だった。

一八九〇年代になると、彼らは対外硬派といわれ、衆議院議員選挙においても、多数派ではないが毎回かなりの当選者を出した。一八九三年に大日本協会が結成されて、「条約励行・自主外交・対清強硬」を主張した。東洋自由党・同盟倶楽部・立憲改進党・国民協会・政務調査会の五党派がこれに呼応して、いわゆる硬六派が形成された。

繰り返すが、もちろん対外硬派も欧米諸国をお手本にして国づくりを進めることについて異論はなかった。ひと言でいって「脱亜入欧」ということになるだろうが、脱亜入欧をめざすことに反対する人は少なかったのである。

脱亜入欧のための通り道は法制度の整備であり条約改正であった。欧米諸国の法制度や慣習にならって国づくりを進めなければ、欧米諸国に対等な相手として認められない。そうなると条約改正は望めない。条約改正を実現しなければ、欧米諸国と対等な交際はできないというわけである。

憲法制定への道のり

一八八一年三月、大隈重信は憲法に関する意見書を左大臣有栖川宮に提出した。大隈の意見は、イギリス流の議院内閣制、官吏を政党官と永久官に分ける、欽定憲法とする、二年後の八三年はじめに早期国会開設というものだった。起草者は矢野文雄だったが、福沢諭吉が書いたと噂された。矢野は交詢社の私擬憲法案の作成にも中心となった。有栖川宮はその主張に驚き太政大臣三条実美、右大臣岩倉具視に見せた。それに前後して、開拓使官有物払い下げ事件が起こった。参議兼開拓長官黒田清隆が五代友厚の関係する関西貿易商会に破格の安値で払い下げるというものだった。政府部内では有栖川と大隈が反対し、マスコミがこれを問題視してことが大きくなった。

そのころ大隈重信は政府内で最も力があったと思われるが、大隈と意を通じていた伊藤博文、井上馨はこれをきっかけとして大隈から離れた。そして大隈は政府から追放された。大隈の息のかかった官僚もいっせいに下野した。これが明治一四（一八八一）年の政変といわれる政変劇である。明治六年の政変につづいて、明治政府は二度までも権力核の大分裂を起こしたのである。しかしその分裂から政党が誕生する。そして政党は立憲主義体制を築くための不可欠の要素になったのであった。

明治一四年の政変からまもなくして、伊藤博文は八二年三月、ヨーロッパへ憲法調査の旅にたった。伊藤らは一年五カ月にわたって、ドイツでグナイスト、オーストリアでシュタインから憲法について学んだ。

そのころまで藩閥官僚の間では憲法のモデルは、やはり何といってもイギリスだった。ドイツは新興国だった。何しろドイツ統一は明治維新よりあとのことだったのである。だが井上毅の強力な説得によって、結果的にはドイツ憲法を模範とするようになる。

さて帰国した伊藤博文は一八八四年三月に、宮中に憲法起草の機関として制度取調局を設けた。そして憲法制定の前提となる制度の整備に取りかかった。華族制度をこしらえた。八四年に華族令を制定して、公爵侯爵伯爵子爵男爵の爵位を定め、従来の華族のほかに維新の功労者に授爵するようにした。これはのちに貴族院をつくるための布石だった。八五年、内閣制度を制定した。さらに八七年、文官高等試験を始めた。メリットシステムによる官僚制度をつくったのであるが、アメリカなどの諸外国の官僚制がスポイルスシステムからメリットシステムに転換するのも、ほぼ同じころであった。

さらに陸海軍の制度が整備された。内閣制の導入に伴い陸軍卿は陸軍大臣となり、あわせて機構改革がおこなわれた。

大日本帝国憲法の構造

一八八九年二月一一日、大日本帝国憲法が発布された。七章七六条の構成で、天皇大権が強大で議会の権限は制限されていた。天皇大権は六条から一六条までに定められ、立法権は議会の協賛を要し、行政権は国務大臣の輔弼を必要とするとされ、司法権は天皇の名でおこなうこととされた。

中でも重要なのは官制と任官について定めた行政大権（第一〇条）と、軍についての統帥大権（第一一条）および編制大権（第一二条）と、さらに外交大権（第一三条）の四つの大権である。統帥大権は作戦用兵に関するもので、議会はもとより内閣からも独立とされ、陸軍は参謀本部、海軍は軍令部がつかさどった。作戦計画を秘密にするのはいちおう当然のことであるが、これがのちに日本の命運を狂わせる大問題を引き起こすことになる。編制大権は軍備や兵力量に関するもので、こちらは陸軍大臣が所管した。したがって陸海軍の予算は閣議によって決められた。編制大権と外交大権は、議会が関与できないこととされた。国防問題と外交問題は議会の関与を禁じたのである。このように内閣の権限はきわめて大きかった。

一方、議会はどうかというと、衆議院と貴族院の二院制であった。貴衆両院の権限は衆議院が予算先議するほかは対等であった。議会にとって最も重要なのは予算審議権であるが、第六四条で、新規の事業や予算増額については拒否できることとされた。また第六七条で「規定の歳出」は減額できないとしている。「憲法上ノ大権ニ基ツケル既定ノ歳出及法律ノ結果ニ由リ又ハ法律上政府ノ義務ニ属スル歳出ハ政府ノ同意ナクシテ帝国議会之ヲ廃除シ又ハ削減スルコトヲ得ス」。つまりすでに決まっている官吏の数と俸給や既存の国防費は減額できないというわけである。予算に関する議会の権限はほぼ減額修正に限られた。

第七一条では予算が不成立の場合について定めた。「前年度予算を施行する」というのである。おもしろい規定だが実際には何の役にも立たなかった。近代化を推進するためにはいくらお金があっても足りない。前年度予算が一〇〇なら、今年度は一二〇でなければ間に合わない。どうしても一二〇にしたい。前年度予算を執行するというのでは困るのである。

憲法の運用

ところで、憲法は仕組みもさることながら運用もそれに劣らず重要である。実質的には、憲法を設計した伊藤博文の判断が重要だったが、たとえば議会と対立しても伊藤は議会を停止しなかった。ドイツの宰相ビスマルクと違って、予算が否決されてもそれを無視するようなことはしなかった。伊藤はどんな場合でも、あくまで話し合いで決着をつけようとしたのである。誠意をもって向かえばわかってもらえるというのが伊藤の政治信条だった。

憲法には責任内閣制の規定も政党内閣制の規定もなかったが、運用によってじょじょにその方向に向かって進んでいった。藩閥官僚の中には政党嫌いが多かったから、それは伊藤博文のリーダーシップによるところが大きかったのである。

伊藤の構想はしかし、伊藤が一九〇九年に暗殺されたこともあって、十分には開花しなかった。伊藤と並び立っていた山県有朋は陸軍と官僚に大きな勢力を築いており、またすこぶる政党嫌いであった。その山県も一九二二年に世を去ると、いよいよ明治憲法体制はほころびが見えるようになった。そして、何といってもその原因は軍にあった。軍は藩閥の重要部分をなしていながら、じょじょに藩閥から離れ独自の立場をとるようになっていったのである。

軍政と軍令

多くの政権は銃口から生まれる。明治新政権も例外ではなかった。戊辰戦争は一八六八年一月の鳥羽伏見の戦いから翌年の箱館戦争まで、一六カ月にわたった。軍は藩閥の不可欠の一翼を担っており、軍を統治構造にどのように位置づけるかは、憲法のあるなしにかかわらず、きわめて重要な問題だった。

まず軍事力は中央政府が独占することとしなければならない。幕藩体制のように諸大名がそれぞれ自前の軍事力を持つというかたちでは近代国家の体をなさない。そして国家がしっかりと軍を掌握していなければならない。そこで一八八二年に軍人勅諭を出して、「朕は汝等軍人の大元帥なるぞ。されば朕は汝等を股肱と頼み、汝等は朕を頭首と仰ぎてぞ、其親は殊に深かるべき」（原文は濁点、句読点なし）と書いた。軍は中央政府でも軍のトップでもなく、天皇に直属することとしたのである。

軍事に関する事項は、軍政と軍令に分けられる。軍政とは、軍備、国防政策、軍の編制と装備などに関することである。兵役なども軍政に属する。軍政は予算が絡むことであるから議会の審議を受ける。以上のような軍政に関する事項は陸海軍省がつかさどった。

国防計画や作戦用兵などは秘密にしなければならない。手の内を外国に向けて明かすのは愚の骨頂である。ではどこまで情報を共有するのが望ましいのか。議会までか、内閣までか、天皇だけか。文民統制の原則が存在しなければ、軍中枢だけの秘密事項とするのか。もともと作戦用兵をつかさどる部局は陸軍省の中に置かれていたが、一八七八年に桂太郎中佐がドイツ留学から帰国して、陸軍省から独立させて参謀本部を設けることになった。海軍は軍令部を同じように位置づけた。そして参謀本部と軍令部は大元帥としての天皇に直属することとして内閣の関与をも否定した。このことは制度上はおかしなことではなかった。

軍は藩閥の中で大きな勢力となった。しかし軍人の資質に問題があった。明治政府の最大の軍人は西郷隆盛であった。西郷は非常に人望があり、江戸開城の際に勝海舟と談判するなどして、新政権の最高指導者のひとりだった。だが西郷隆盛のあと、西郷に匹敵するような資質を持つ軍人はあらわれなかった。山県有朋から桂太郎と寺内正毅へ、そして田中義一や上原勇作へ、さらに荒木貞夫へと、軍人の視野はだんだん狭くなっていったのである。

軍人と軍のあり方

一九世紀後半から第一次世界大戦までは帝国主義の時代だったから、力にものをいわせる砲艦外交がまかり通っていた。インドや中国でイギリスをはじめとするヨーロッパ強国は武力にものをいわせて無理を押し通した。彼らはきわめて強欲だった。だから一国の独立を守り抜くにはいざというときのため軍事力が必要だった。日本が本格的な軍備拡張に乗り出すのは一八八〇年代中ごろからといっていいと思われるが、直截（ちょくせつ）には、そのころの朝鮮情勢、清国情勢が軍事力の必要性をいやがうえにも意識させたのである。

一国独立を守るかなめに軍事力が位置したためもあって、明治国家では軍人が国家権力の中枢に大きな地歩を占めた。総理大臣も数多く輩出した。明治憲法下での総理大臣は二八人になるが、そのうち軍人出身者は一五人と過半数を占める。これは軍人の政治的影響力がいかに大きかったかがうかがわれる数字である。軍人の立場は必要以上に手厚く守られていたし、軍には拒否権さえ与えられていた。軍部は意にそわない内閣を倒すことができたし、作戦用兵に関して内閣の容喙（ようかい）を拒否することもできた。日本は軍人の力がきわめて強い国だったのである。

それだけに、軍人の資質はその職責の重要性にくらべて見劣りしたといわざるを得ない。しかも時代が下れば下るほど、その能力は低下した。

軍人はどうあらねばならないか。戦国大名のことを想像してみていただきたい。戦国大名は政治家にして軍人だった。外交、作戦用兵、兵站、人心収攬、治国、殖産など、あらゆる分野に目配りしなければ戦国の世を渡っていくことはできなかった。加藤清正が城づくりの名人だったように、築城術についても知識が必要だった。武田信玄が治水に力を入れたように国土計画の知恵も必要だった。戦国大名は、いまでいえば、政治家であり軍人であり会社経営者であり専門技術者でなければならなかったのである。それほど万能でなくても、司馬遷の『史記』に漢の高祖となった劉邦のことばとしてしるされているように、せめて「将に将たる器」でなければならなかった。

いま述べたような能力はヨーロッパであれば皇帝に求められた。しかし日本の場合は天皇親政は避けることとされていたから（天皇超政論）、実際にはそのような能力は軍人に求められた。要するに軍人には、軍事・政治・経済に関する総合的な見識と、そのうえに人心収攬の力と統率力が求められたのである。国家権力の重要な一翼を担う以上、戦国大名にまさるとも劣らぬ大きな資質が求められたのは当然である。軍人が戦争にだけ専念すればいいというのであれば、文民統制がしっかりしていなければならない。だが陸海軍が天皇に直属するとなれば、その分、軍人には幅広い見識と合理的な判断力と統率力が求められたのである。

帝国国防方針と陸海軍のセクショナリズム

しかし戦国大名にくらべると、明治の軍人はいかにも視野が狭いし合理的でもなかった。その証拠はいくらでもあるが、たとえば日露戦争後の一九〇七年に策定された帝国国防方針ではロシアとアメリカを仮想敵国として軍備拡張がはかられた。日露講和を仲介したアメリカを仮想敵国とし、ロシアという世界最大の陸軍国と、アメリカという世界最大の海軍国を仮想敵国にしたのだから、国力をはるかにこえた計画だった。国力ばかりか外交と国際情勢を無視し、そのうえ陸海軍の面子を立てただけの計画だった。その内容は第一次世界大戦後、太平洋の国際秩序を定めたワシントン体制が成立したあとも変更されなかった。国力をこえた国防計画を立てても平然としていられるという感覚そのものが驚きであるが、一九三六年まで三度改定されたのに、驚くべきことに計画の内容に大きな変化はなかったのである。

日清戦争では現地軍はしばしば大本営の命令をきかなかった。現地の判断は戦争指導のうえで重要な要素ではあるが、現地軍は大局を見通せない。もしも現地軍が主張した通りに直隷決戦をして北京まで進撃したら、列強がだまっていなかっただろうし、そうなると日本は東アジアの国際情勢をコントロールできなくなっただろう。現地軍司令官はそういう判断ができないと困るのである。だが前線の軍司令官たちにはそういう見識は乏しかった。参謀本部で戦争指導にかかわった川上操六も似たり寄ったりだった。

悲しいのは日清戦争で戦病死者が戦死者の約一〇倍にのぼったことである。厳冬の行軍で凍傷にかかったり、コレラで命を落としたりした人が続出した。一八九〇年代の戦争であったから、これはある程度やむを得なかったかもしれない。ところがこういう悲劇は太平洋戦争のときにもっともっと大規模に再現されてしまった。陸軍の軍医制度の整備に功績のあった石黒忠悳は日清戦争のとき野戦衛生長官を務めた。石黒の回想録『懐旧九十年』には日清戦争のことが書かれているが、それを読んでいると首をかしげたくなるところがいくつかある。いまそれを具体的にはあげないが、大量の傷病者が出たことを石黒がどう考えていたのか訝しく感じるのはわたしだけではないだろう。

近代戦で勝敗を決めるのは火力であり、軍備の近代化を避けて通ることは許されない。日露戦争で日本軍はロシア軍機関銃の威力の前にたじたじとなった。それなのに日露戦争後、その教訓は生かされず、精神主義がまかり通った。一九二〇年代後半のことだが、陸軍内で最も大きな力があったのは長く陸相をつとめた宇垣一成であった。宇垣は軍備の近代化を真剣にとなえたが、軍縮を進めた宇垣は陸軍内に多くの敵をつくってしまった。人員削減に反対する上原勇作らが兵員数の確保のほうが大事だと主張したのである。一九三七年に広田内閣が総辞職して後継首班に大命降下したとき、軍部は大臣を出さなかった。そのため宇垣内閣は流産してしまった[1]。

陸海軍のセクショナリズムもあきれるほどひどかった。陸主海従か海主陸従かでもめ、どちらの軍拡を優先するかでもめた。それでも桂太郎、寺内正毅の時代までは、陸軍はまがりなりにも自制的で大所高所から国政全体を見わたすだけの姿勢があった。しかし一九三〇年代になると、一国の軍としての統制がまったくとれなくなってしまう。五・一五事件、二・二六事件のようなクーデタまで引き起こしてしまうのである。

軍人は器量の大きな選良でなければ務まらない。だが時代が下るにつれて選良のはずの軍人はだんだん小粒になっていった。軍人が書いた文章で敬意を表したくなるような深みをたたえたものは、わたしは西郷隆盛の文章以外に読んだことがない。

3　藩閥政府と初期議会

権力核の分裂と脱亜入欧

対外政策を目の前にすえて、政治史を見ておこう。

明治維新にさかのぼって大日本帝国憲法発布までの政治を概観すると、真っ先に目につくことのひとつが、明治六年の政変で西郷隆盛らの征韓派が下野し、明治一四年の政変で大隈重信が追放されたことである。いずれも政府のトップに位置していた人たちが袂を分かって下野したのであるから、このふたつの事件は権力核の分裂を意味していた。野に下った人たちが中心になって自由民権運動を起こし、政党をつくった。こうして権力核の分裂は政治主体の多元化をもたらした。初期議会では藩閥政府対民党という構図ができあがったのである。きびしく対立した藩閥政府と民党であったが、もとをただせば両者は倒幕派として足並みをそろえていたのである。旧幕臣や佐幕派が政党の中心となったわけではない。旧幕臣や佐幕派が政党の中心だったら、対立ははるかに激しくなっただろうし、議会制度がうまく機能したかどうかわからない。流血の事態を見たかもわからない。どの国でも、政府と議会の関係ははじめのうちはぎくしゃくするものであるから、その意味では日本の立憲主義体制の初期条件はめぐまれていたといえるだろう。

さて、明治の国家目標は「脱亜入欧」だったといっていいだろう。そして脱亜入欧の絶対条件は法制度の整備であり条約改正であった。では条約改正に至るロードマップはどう描いたらいいだろうか。まず欧米諸国と法制度をそろえることが不可欠だった。そのうえに欧米の文物や習慣を取り入れることも求められた。鉄道や学校や洋館からガス灯や舞踏会や演劇まで、さらに衣装や食習慣まで、そしてもちろん学問も、広い範囲の文明開化が進められた。

伊藤博文や井上馨は急速な欧化路線をとった。だが性急な欧化には反対も根強かった。いわゆる硬六派が形成されたことはすでに述べた。欧化主義をめぐる対立はあったが、それ自体はそれほど重要ではなかった。欧米諸国の仲間入りを果たす、もっとはっきりいえば帝国主義国になるという目標については政界や言論界に異論はなかったのである。

今日の地点からふりかえると、本当の問題がその先にあったことは明らかである。首尾よく帝国主義国になり得たとしても、英仏のように円明園を破壊するような蛮行が許される道理はない。植民地を持てば賢明な支配のあり方を模索しなければならない。そもそも領土拡大が国富を増大させるかどうかも真剣に検討しなければならない。何より戦争はただ勝てばいいというものではない。勝っても負けても戦後の秩序をどうつくるかを視野に入れておかなければならない。こういった問題に、帝国の軍人や官僚や政治家や言論人がどんな答案を書き得たかと考えると、その成績はかんばしいものではなかった。

政府と議会──超然主義と民力休養

帝国憲法が発布されると、政府は超然主義を闡明(せんめい)にした。憲法発布の翌日、首相黒田清隆は地方官会議において「超然政党ノ外ニ立チ、至正至中ノ道ニ居ラサル可ラス」と述べた。重要な基本政策は政党にはかかわらせないと宣言したのである。しかしその黒田内閣の顔ぶれを見ると、大同団結運動をひきいていた後藤象二郎(逓信大臣)と、改進党の領袖であった大隈重信(外務大臣)が閣僚の席に座っていた。政府批判の急先鋒であり民党の中心であるふたりが閣僚になっていたのである。口では超然主義をかかげていながら、実質的には挙国一致内閣に近いような構成だったのである。

一八九〇年、最初の帝国議会が開かれたときの総理大臣は山県有朋だった。山県は施政方針演説で主権線と利益線という考え方を示し、大幅な軍事予算増を提起した。やっと法制度を整備したばかりの政府が、これからは軍拡に乗り出し帝国主義的な外交を進めると明らかにしたわけである。軍事費の大幅増であるから民党は動揺したが、外交と国防に関する考え方そのものには、それほど大きな反対はなかった。

主権線と利益線

山県が示した主権線と利益線という考えは勢力圏をつくるということであり、帝国主義時代にはふつうの発想だった。主権線は日本の主権の及ぶ国土とその周辺海域を指していたことはいうまでもないが、利益線というのは朝鮮半島のことだった。一八七〇年代以来露骨な帝国主義の時代になっていたから、日本は東アジアに触手を伸ばしてくるイギリスやロシアといった国ぐにに対抗して、せめて朝鮮半島は勢力圏にしておかないと独立が危うくなる。そう山県は考えていたわけである。それは藩閥政府の総意でもあっただろう。そして対外硬派の主張には山県と軌を一にする要素が多分にあった。

いまや世界は帝国主義の時代であった。ヨーロッパ諸国は長年にわたって、激しいせめぎ合いを繰り広げてきたのであるし、そのゆえに多くの国が滅亡したのである。思えば一八七一年一一月に旅立った岩倉使節団がアメリカに八カ月、イギリスに四カ月、フランスに二カ月滞在したあとに、ドイツを訪れたとき、ドイツは統一を果たして二年しか経っていなかった。ある夜、宰相ビスマルクは歓迎の晩餐会を主宰した。その席上でビスマルクは、世界は国ぐにが万国公法のもとで交際しているといっても、現実には大国が軍事力にものをいわせて小国を虐げている、そういう中でドイツは軍事力と愛国心によって生きのびてきたのだと述べたものだった。使節団のドイツ滞在は三週間ほどだった。

さかのぼれば、日本の指導層の脳裏にはアヘン戦争で中国が惨敗した記憶が恐怖心とともに強く刻み込まれていた。国際社会は弱肉強食による淘汰、あるいは適者生存・優勝劣敗の世界である。そしてそういう世界において、一国の独立は軍事力によって自力で守るほかない。世界の国ぐには勢力均衡（バランス・オブ・パワー）の中で生きのびている。少しも油断できない。維新の指導者たちはみなそういう認識を持っていた。ちなみに適者生存というのは明治によく読まれた社会ダーウィニズムの概念である。

そういう時代であったから、当時の政治家も思想家も、適者生存と勢力均衡をこえる国際政治のとらえ方をすることはなかった。

4　陸羯南と三宅雪嶺

陸羯南の『原政及国際論』

さて日清戦争ごろの国際観を見てみよう。まず取り上げるのは陸羯南である。陸羯南（くがかつなん）（一八五七～一九〇七）は新聞『日本』を主宰していた。三宅雪嶺（せつれい）（一八六〇～一九四五）らの政教社とともに対外硬を主張し、政教社と『日本』は人の行き来も多かったし、たすけ合った。陸羯南の政治についての洞察はおそらく同時代のだれにくらべても遜色ないほどに深かった。多元的な均衡の重要性を羯南ほどしっかり把握していたものはいなかっただろう。代表作の『近時政論考』にはそれがよくあらわれている。しかし経営者としては成功したとはいえず、しかも五〇歳で病没する。

陸羯南は一八九三年に書いた『原政及国際論』で、「狼呑」と「蚕食」というふたつの概念をもちいて帝国主義国の行動をつぶさに論じている。「狼呑」とは力ずくで他国を支配することであり、「蚕食」とは文化的経済的な支配を意味している。羯南は「蚕食」を通じての「狼呑」の危険性を強調して、万国公法などという偽善的なものにゆめゆめ目をくらまされてはならないと警鐘をならしたのである。羯南の目には鹿鳴館の騒ぎも、不平等条約改正交渉の行方も、政府の動きが、みずから「蚕食」の危険に身をさらす行為に映っていた。国際法はキリスト教国、白人、ヨーロッパを主体とする体系である。彼らは以前の日本における武士階級のような存在だ、と羯南は書いている。「彼等は其特権を提げて如何に我等平民国に臨むやを見よ。彼れ特権的国民は自ら一種の閥族を以て居り、他の諸国民をば劣等の種族とし殆ど穢多視して之を遇す。彼等の交際間に例もなき領事裁判権をば独り我等に適用すること、恰も士族が斬捨御免権を平民に適応するが如し。……国際法なるものは亦た甚だ不公平ならずや[2]」。

政府を激しく批判したので、羯南の発行していた新聞『日本』はたびたび発禁になった。しかし羯南の国際観は見かけほど藩閥官僚の国際観と違うものではなかった。明治政府は欧米を模範として近代化を進めた。国制も産業も欧米の仕組みにならい、国家の立ち居ふるまいも欧米にならった。ちょうど欧米諸国は帝国主義の時代に入っていて、すでに中国はアヘン戦争に敗れてイギリスの横暴な言い分を受け入れさせられていたが、さらにアロー戦争で英仏軍は円明園を廃墟にするという恥ずべき暴挙に出た。一八八三年には清仏戦争が起こり、フランスは北ベトナムを奪い取った。そしてそれを足がかりにして八七年には仏領インドシナを形成した。さらにロシアはシベリア鉄道の建設をいそいでいた。清国領を通る東清鉄道が完成したのは一九〇三年のことである。こうしていよいよ東アジアにもヨーロッパ列強が手を伸ばしてきていた。

こういう国際情勢に対して日本は、欧米列強の仲間入りを果たすことによって独立を維持しようとした。福沢諭吉のいう「脱亜入欧」である。中国や朝鮮の側に立って歩を進めるという大アジア主義の路線もなくはなかったが検討にあたいする考えとは見なされなかったのであった。

南進論をとなえた志賀重昂と福本日南

政教社の同人の中には一歩進んで対外的膨張を主張するものもあった。志賀重昂は札幌農学校を卒業後、一八八六年に一年間近く海軍練習艦に便乗して南太平洋を巡航したことがあった。そのはじめて外国に航海した体験を志賀は『南洋時事』にあらわした。志賀の最初の著作であった。志賀は『南洋時事』の中で、いま西洋列強は植民政策を進めており、植民地化が世界の大勢になっている。いまこそ四七〇〇万人の日本人が目覚めて、国家の独立を全うするために立ち上がらなければならないときである、と論じていた。南進論のはしりである。こういう危機意識のうえに、志賀は欧化主義を批判し、国粋保存旨義を主張したのである。

南進論といえば、陸羯南の片腕として、新聞『日本』に多数の論説を書いた福本日南（一八五七〜一九二一）も熱心に南進論をとなえた。日南は盟友だった菅沼貞風の影響で海外雄飛による国威発揚を考えるようになり、菅沼とともにフィリピンを視察に訪れている。なお日南には「過渡的日本人」「続過渡的日本人」というユニークな論文がある。一九〇一年から翌年にかけて七回にわたって『日本人』に連載されたものである。これは欧米諸国と日本の社会のありさまを比較したもので、日南は日本を「共通形」に、イギリスを「特殊形」に分類している。ここにくわしくは書かないが、ひと言でいって「共通形」とは官僚優位の社会であり、「特殊形」とは実業優位の社会である。前者は個人の生活を軽んじて公共の生活を重んじ、普通の職業を卑しんで工商の職業を軽んじる。後者はその逆である。日南は『時事新報』が伝えた有力資産家四四一人中、華族がほぼ七分の一の六六名を占めている。彼らの職業は形式的には貴族院議員や官僚であっても、実質的には無職である。そればかりか、明治維新に功績のあった山県有朋、井上馨、松方正義、川村純義ら、下級藩士や貧乏な公家から出たものが、名前をつらねているとして、批判している。日本は普通の職業についている人たちに陽が当たる「特殊形」の社会に変わっていかなければならない、それこそが富国強兵の基礎なのだというのである。

三宅雪嶺の『真善美日本人』

日清戦争ごろの国際観というと、何といっても異彩を放っているのは三宅雪嶺の『真善美日本人』（一八九一年）である。三宅雪嶺は明治の大ジャーナリストで守備範囲が桁違いに広かった。哲学者でもあった雪嶺は、独特の文体をあやつって、政論時論と哲学美学文明論との双方にわたって論陣をはった。『真善美日本人』は雪嶺の初期の代表作である。

『真善美日本人』の中で雪嶺は、「日本人が自ら日本人の何たるを言ふ能はざるは、今代の知識に欠けずといふべからず」と述べて、「国粋顕彰」「国粋助長」を主張した。日本人は日本人とは何かということを知らなければならない。つまり民族性の自覚を促したわけである。しかし、国粋ということばをつかっていても、雪嶺の主張は排他的独善的なものではなかった。雪嶺は、真善美という普遍的な価値を実現することが国家や民族の責務であり、各民族はそれぞれ協調しながら、この目的実現のために取り組むのである、と論じたのである。自民族の特徴を守ることは国際協調と何ら矛盾しない。それぞれが民族の特徴を発揮することで、世界の調和と発展に貢献するのだ。それが雪嶺における全体と個の理念だった。世界の諸民族という全体の中で日本という個はその個性を通じて全体の調和と発展に寄与するのである。

以上からでも、すでに羯南の思想とは違うところが見えるだろう。羯南には多様なものの調和という思想はない。羯南の主張はパワー・ポリティックス一本槍なのである。これに対して雪嶺は多様なものの協調を論じている。世界の諸民族は真善美の実現を通じて、人類の調和に貢献するのだというわけである。

人類社会における多様性の調和を展望しているのだから、雪嶺の視点は高い。この時期、雪嶺に匹敵する視点の高さを示したのは、福沢諭吉を除けば、徳富蘇峰くらいであろう。蘇峰は「生産機関中心の社会」が到来すれば、世界は自由と平和の世界になると論じた。雪嶺は文化的な多様性の調和を見すえ、蘇峰は経済的な自由な交易を、今日のことばでいえば経済的な相互依存を見ていた。

さて、では民族の個性とは何かというと、雪嶺のいう個性は伝統を墨守することではない。「旧来の制度に拘泥し、旧来の風俗習慣を維持せんとするは其本意にあらず、仮令日本固有の風俗にても、日本特造の習慣にても、其他制度にても、国産にても、今日国家の処世上に適応せざるものあらば、宜しく之を打破すべし、文明境裡に泰西諸邦と馳駆するの上に於いて、不利なるものあらば、宜しく之を擲棄すべし、何ぞ旧物に恋恋して国家千万年の大計を誤るものならんや[3]」。個性は、伝統を墨守することによってではなく、真善美の世界において新しいものを創造することによって発揮されるのである。

では真善美とは何かというと、雪嶺は学術上に日本人が力を発揮するべきであること（真）、産業軍事のうえに力を発揮すべきこと（善）、芸術上に力を発揮すべきこと（美）を力説している。ここで注目したいのは「善」の内容である。「善」とは何か。雪嶺は何と、「善」とは富国強兵だと主張するのである。雪嶺はいう。善をきわめるためには正義を実現しなければならない。しかし正義を実現するためには力関係が対等でなければならない。だから軍備拡張に努めなければならない。そして軍備と富とは正比例するのであるから、大いに国富を富まさなければならない。「軍備の拡張をして名のみに止めて足らば、費用を要するも亦多からざらんも、苟も効力ある程、大に拡張せんと欲せば、大に費用を要せざる可らず。若し財貨混々として泉源の如く、汸汸として河海の如く、縦横之を使用して意の如くならざるなくんば、茲に始めて初志を貫徹して軍備の拡張を遂ぐるを得ん[4]」。このように雪嶺によれば、善を実現する条件はまず第一に富国強兵なのである。

三宅雪嶺は、中国・インド・ヨーロッパの三者の融合を日本において実現することを考えて、『真善美日本人』を書いていた。雪嶺の胸の内には、鹿鳴館に象徴されるような国家による性急な西欧化は、結局は偏狭な国家主義に行き着いてしまうという批判があった。政府は外に欧米列強にこびへつらい、内に国民の文化や道徳をむりやり変えようとしている。それは国家主義に道を開くであろう、と。つまり雪嶺は欧化主義が国家主義につながることを危惧していた。政府は「外柔内硬」だ、これではいけないという危機感に雪嶺は動かされた。後年、雪嶺はそのころを振り返って次のように述べている。

「自分は大学に三年、文部省に一年半居り、明治二一年、同志と共に雑誌『日本人』を起した。一面は鹿鳴館に高官が戯れ、醜声の外に漏れたのに刺激され、一面は政府が保安条例を執行し、枯尾花に驚く狼狽さ加減に動かされ、余りだらしなくて仕方なく、何とかせねばならぬとした。……国家のために政府の弊害を除くの必要を感ぜずに居れず、多少そういう言論を発表した[5]」。上述の雪嶺の引用文中の「余りだらしなくて仕方なく、何とかせねばならぬとした」というのも、政府の対外的な弱腰のことを言っているわけであるが、政教社がかかげた国粋主義の根底には、ここに紹介したような対外的危機感が横たわっていた。

とはいえ『真善美日本人』の国際観も、『将来之日本』の国際観も、いわば自宅の庭園の垣根越しにながめた世界の景観だった。日清戦争によって自宅から一歩外に出ると、雪嶺も蘇峰もその国際観を維持できなかった。ふたりとも三国干渉に大きな衝撃を受けた。雪嶺はさっそく「嘗胆臥薪」と書いた。それは「臥薪嘗胆」というスローガンとなって、本人の意味とは少し違う意味で人口に膾炙した。一方蘇峰は切歯扼腕して悔しがった。国際政治には理想なんか何の役にも立たないと痛感し、その後は「力の福音」に帰依した。これは蘇峰の転向として有名なできごとであった。

思想と外交

ロシア革命が起こるまでは秘密外交の時代であったから、条約の内容はしばしば秘密にされた。だからこそ国家の進路や国際社会について、言論の役割は、国際政治についての大きな認識と構想を踏まえていることが肝要だった。残念ながら日本の言論人は、大きな認識と構想を十分に踏まえた議論を展開することができなかった。その欠陥は第一次世界大戦後に国際環境が激変する中ではっきり露呈することになる。

そうなった原因はふたつあった。ひとつは政府の秘密主義であり、もうひとつは軍人の視野の狭さであった。鳥居素川(そせん)は一八九九年五月に三日間にわたって、『大阪朝日新聞』に「対清意見の二潮流」という論説を書いている。その中で素川は、政党政治家の間には清国保全論と清国分割論の二者があるが、いま求められるのは清国扶植論であるとして、領土獲得（清国分割）ではなく権益獲得（清国保全）を主眼として国論は一致するべきだと論じている。そして、しかしながら政党の外交論は未熟といわざるを得ない、それは政党の持っている情報が乏しいからだ。最も広い情報を持っているのは参謀本部であるが、参謀本部はあまりにも秘密主義であると述べている。「参謀本部は政界に治外法権的の強梁をなして時に他省の管轄にも遠慮なく立ち入り、比較的清国材料を蒐め居るが如し。然れども其一方に割拠する丈に気宇太だ褊狭なり、何事も其一手にて遣らんとし、為に他の能を忌み、敢えて門戸を開かざるの観あり[6]」。

鳥居素川は、政党が軍事外交に十分な見識を持っていないと批判しているが、政党でさえ十分な見識を持っていなかったくらいであるから、マスコミはなおのことであった。ほとんどの場合、マスコミは国際情勢に関する十分な情報を持たないままに、国際政治を偏った視点からしかとらえようとしない軍部の言動を横目に見て、先を争うようにして強硬論を叫んだのである。戦争が起こると発売部数は大きく伸びたから、なおのこと威勢のいい主張がはばをきかせたのであった。日清戦争しかり、日露戦争しかり、第一次世界大戦しかり、満州事変しかりであった。そしてそのことで、今度は政府の舵取りが困難になった。ナショナリズムの時代にはどの国でも同様の現象が起こったが、わが国でも三国干渉に対する国民の憤激、日露講和後の日比谷焼き討ち事件や、満州事変に対する国民の熱狂など、国民の排外感情の昂揚が政府の政策を制約した事例は数多い。

日清戦争で日本人は国をあげて三国干渉に憤激した。憤激したのは雪嶺や蘇峰ばかりではなかったのである。だが、外交が拙劣で過大な賠償を要求してしまったがゆえに三国干渉を招いてしまったと見るほうが正しいかもしれない。実際に、清国をロシアの側に追いやってしまったのである。しかもそのロシアには、あわよくば領土を拡張しようという野心があった。冷静に考えれば、新聞は独仏ロの三国に怒りをぶつけるより、政府の外交方針を批判するべきだったかもしれないのである。

日清講和後の清国に対して列強は容赦なく進出し始めた。清国は巨額の賠償金支払いのため関税収入などを担保にして外債を起こした。その借款の見返りに、イギリスは清の関税管理権を認めさせ、九龍と威海衛の租借権を獲得し、ロシアは東清鉄道敷設権などを獲得した。さらにドイツが宣教師殺害をきっかけに杭州湾の租借権を、フランスは海軍を派遣して力ずくで杭州湾を租借し、インドシナと一体の植民地支配をおこなった。日清戦争が中国分割の引き金になったのである。

5　帝国日本の完成

徳富蘇峰の平民主義と欧化主義

徳富蘇峰が一八八六年に出版された『将来之日本』で平民主義をとなえ、一躍文名をあげたことは別の機会に述べた。蘇峰は「武備機関中心の社会」から「生産機関中心の社会」への移行の必然性を説き、「生産機関中心の社会」では人間関係は「自由ノ結合」によってつくられ、政権は多数の手に握られ、国家が人民のためのものとなり、対外的には平和になると論じた。蘇峰はまた、『新日本之青年』を書き、欧化主義をとなえた。泰西にならえ、泰西自活の人となれ、と蘇峰は青年たちに呼びかけている。熊本生まれの蘇峰はクリスチャンだった。一八七六年、一三歳のときに熊本洋学校に入学し、教師の強い影響のもとキリスト教に入信していた。一八八七年二月、蘇峰は民友社を起こし『国民之友』を刊行した。『国民之友』は西洋文学の翻訳を紹介したり西洋風の生活スタイルを紹介したりするなど、欧化主義の旗をかかげそれを推奨した。

雪嶺・羯南と蘇峰

「泰西自活の人となれ」と主張した徳富蘇峰は、泰西すなわち西洋流の自立した人間になれというのであるから、国粋保存を強調する雪嶺や羯南とは日本社会の将来像が相容れないように見える。実際、蘇峰は一九一六年に出された『大正の青年と帝国の前途』の中で、国粋主義は外人恐怖に過ぎなかったとこきおろしている。鹿鳴館流の欧化主義も、その反動として起こった国粋主義も、しょせん明治中ごろまでの外人崇拝と外人恐怖のあらわれだったと回顧しているのである。日清戦争ごろから、日本人の海外雄飛をとなえ、帝国主義の信奉者になった徳富蘇峰にとっては、国粋保存など日本民族が発展するためにははなはだ不十分な思想だった。「（国粋主義の）其の目的は、保存にありて、拡張にあらず。日本が昔流儀に、小さく、堅く、固まるには、此の論旨にて、不足なきも、真に所謂る万里の波濤を開拓するの大規模に至りては、固より保守的反動者の能くする所にあらず[7]」と述べている。

たしかに力点の置きどころは違っているし、政教社の人びとが政府の欧化主義に対して激しい批判を繰り広げたことを考えると対立は深刻だったように見える。たとえば杉浦重剛は「洋癖者流を警戒す」と題して、わが国は何ごとも西洋に劣るとして欧化をとなえるものがいるが、それは「自損拝外」に過ぎず、彼らが自分たちに与しないものを「自尊排外」とするのははなはだしい誤謬である。こういう誤謬が長い間はびこってきたが、国家百年の計のためには根絶しなければならないと、力説している。

しかし両者の主張がそれほど隔たっていたかといえば、そうでもない。杉浦重剛は日本人の伝統を忠孝に求め、子どもが親に対して権利を主張するようになったら、臣民が君主に対して権利を主張するようになる、それは絶対に許されないことだと論じている。政教社がとなえる国粋保存には忠孝道徳の継承があった。では泰西自活の人となれと主張した徳富蘇峰はどうかといえば、蘇峰も、皇室中心主義をとなえ、忠孝を強調したのである。『大正の青年と帝国の前途』では、家庭は忠君愛国を育てる場所だとして、「非家族主義は非国家主義」であると論じている。そして自由恋愛は男女の野合、獣棲であり、家族制度を根底から破壊し、社会秩序を紊乱するものだと恐ろしい勢いで否定している。これが「泰西自活の人」なのかどうか、儒教道徳を否定した福沢諭吉が生きていたら一笑に付したであろう。

とはいえ、やはり雪嶺羯南と蘇峰を同日に論じることはできない。雪嶺羯南は複数の視点からものを見ていた。雪嶺の『真善美日本人』と羯南の『近時政論考』には、多様な立場の比較や総合をめざす思想がよくあらわれている。これにくらべると蘇峰はいたって単純素朴だった。日本人の元気、海外雄飛、帝国主義、皇室中心主義といった要素によって、ひたすら日本人の立場で、というよりも日本国家の立場で一元的にものを見ていたのである。

徳富蘇峰の『大日本膨張論』

徳富蘇峰は『将来之日本』で、「生産機関中心の社会」になれば、人間関係は自由対等になり、国家が人民のためのものとなり、対外的には平和になると論じていた。『将来之日本』は一八八六年に田口卯吉の経済雑誌社から出版された。蘇峰のはじめての商業出版であり、出世作である。ところが日清戦争後の三国干渉を目の当たりにして、蘇峰の思想は力の信奉と帝国主義に向かって大きく転回した。『蘇峰自伝』には、「力が足らなければ、いかなる正義公道も、半文の価値も無いと確信するに至った」という文章が見える。

三国干渉を目撃する四カ月ほど前のことであるが、蘇峰は『大日本膨張論』を出版した。『大日本膨張論』で、蘇峰は、日本人の対外進出と国家の膨張を裏表の関係にあるものとして論じている。蘇峰が膨張ということばで意味していたのは、第一義的には民間の日本人の海外進出と植民のことだった。国家の膨張はその勢いに引っ張られて起こるのである。平民主義をとなえた蘇峰らしく、国民の海外進出が国家の栄光を輝かすエネルギーの源泉なのだと論じていた。人口が増加するから、海外に植民すべきだ。国民が海外に雄飛するのは発展の原動力だ、というところから書き起こし、西洋人は日本人を猿か何かのように見下していると、人種的偏見に対する憤りをバネに、いやそんなことはない、日本国民よ発憤せよ、世界に雄飛する自信を持て、と叱咤激励するような本である。

このころ移民奨励はさかんに主張されていた。移民を奨励したのは蘇峰ばかりではない。蘇峰は移民に開国進取の象徴を見、そしてその先に「世界的生活」をのぞみ見た。「征清は確かに我邦の歴史に、一新紀元を開けり。曰く、国民的生活より一躍して、世界的生活に入らしめたること是れ也[8]」。『大日本膨張論』は一八九四年一二月に出版された。この年七月に開戦、九月なかばに陸軍は平壌を陥落させた。その直後に黄海海戦で海軍は清国海軍に大打撃を与えた。開戦前に日本側がいちばんおそれていたのは、定遠・鎮遠を擁する海軍力であったが、予想に反して日本が圧勝したのである。一一月には旅順攻略に成功した。旅順は一〇年後の日露戦争では一大激戦地になったが、このときはあっけなく落ちた。

蘇峰が『大日本膨張論』を脱稿したのはこのころだと思われる。『大日本膨張論』は戦勝で高揚した気分によって書かれたのである。ちょうど戦況不利になった清が講話を申し入れてきたころであり、日本軍は遼東半島の占領作戦を検討していて、勝利が目前に見えていたころだった。

『大日本膨張論』が出版された直後に三国干渉が起こり、伊藤内閣は三国の言い分を受け入れた。

三国干渉で独仏ロに膝を屈した伊藤博文に対して蘇峰は失望した。それまで政党ときちんと話し合う姿勢を見せていた伊藤に好感を抱いていた蘇峰は、それ以後、軍部のほうに視線が向かうようになる。三国干渉後の徳富蘇峰については、次章で取り上げて、その思想を吉野作造とくらべてみたい。

北清事変で出兵し、列強の仲間入り

山県有朋が主権線と利益線という演説をしたのが一八九〇年であったが、それから四年後には日清戦争、一〇年後には北清事変（義和団の乱）が起こる。北清事変が起こったとき清朝の実権を握っていたのは西太后であった。西太后は義和団の鎮圧に失敗し、今度は一転、何と列国に宣戦布告した。義和団は扶清滅洋をかかげていたから、それに便乗したわけである。これに対してイギリス、アメリカなど八カ国が共同で出兵した。ただイギリスは南アフリカ戦争で余裕がなく、アメリカもフィリピン独立運動の鎮圧で余力がなかった。日本はイギリスの要請を受けて派兵、その兵員は八カ国の中で最も多かった。日本に次いで多くの兵を派兵したのがロシアであった。日本が八カ国の一員にくわわったことには、ロシアを牽制したいというイギリスの意向が働いていた。

北清事変で日本は列強クラブの仲間に迎え入れられたといっていい。条約改正もいよいよ手の届きそうなところにきていた。そして日本は中国大陸と朝鮮半島を勢力圏にしようとして帝国主義的な行動に乗り出していく。そうして日露戦争を迎えたのである。

明治維新以来、日本は先進国クラブの仲間入りを果たすことを悲願にしてきた。そのために安政の不平等条約の改正に総力をあげた。結局その延長で、日本は欧米列強とともに進む道を選んだ。一九

〇〇年の北清事変（義和団の乱）で出兵を要請されて応じたことは、先進国の一員として認められる大きなきっかけとなった。それとともに大アジア主義の選択肢は消えたのである。

他方、清国はというと、北清事変で、八カ国との間に結んだ北京議定書により、沿岸部などの駐兵権を認めたうえ、賠償金を課された。賠償金は四億五〇〇〇万両という巨額だった。そのつけは国民にまわされたので、北清事変後になると反政府の声が高まった。そして人びとは中国人意識に目覚め始めた。中国にいよいよナショナリズムがあらわれたのであった。

北京議定書は清国の保全と近代化促進について列強が協調することを認め合ったもので、その協調体制に日本も迎え入れられたのであったが、対清協調を旨とする列強の足並みを乱したのはロシアであった。ロシアは北清事変後も言を左右していっこうに満州から撤兵しようとしなかったのである。

日露戦争

内政に目を転じると、一九〇〇年に立憲政友会が誕生した。立憲政友会は藩閥政府の最大の実力者であった伊藤博文を党首として、これに議会の最大勢力であった旧自由党系の人びとが結びついたもので、これによって明治の政治システムは立憲主義の発展に向けて一歩を踏み出した。それは藩閥対政党というシステムから政党と結んだ藩閥対政党を敵視する藩閥というシステムへの移行を意味した。

一九〇一年から一九一三年まで、藩閥を代表する山県閥の桂太郎と衆議院の最大勢力である立憲政友会の西園寺公望が交互に政権を担当した。桂園時代といわれる。一九〇四年～〇五年の日露戦争はそういう体制の中でたたかわれた。

北清事変以後、東北アジア進出をねらうロシアと朝鮮の権益を守ろうとする日本の間の緊張が高まっていった。ロシアは世界最強の陸軍国と目され、戦争になったら新興国である日本のかなう相手ではなかった。そこでロシアと交渉して勢力範囲を定める日露協商とロシアを牽制するための日英同盟のふたつの手段が浮かび上がった。この両者は両立しないものではなかったが、大筋において伊藤博文や井上馨は日露協商を優先すべきとし、山県有朋や桂太郎、小村寿太郎、加藤高明は日英同盟を優先すべきと主張した。そして対露開戦は最終的には伊藤と山県の決断によって決まるのである。重点の置きどころは違っても伊藤と山県の間に溝があったわけではなかった。

結局、一九〇二年に日英同盟が結ばれ、一九〇四年二月、日本はロシア軍への奇襲攻撃（旅順口攻撃）によって戦端を切った。日露戦争で日本が軍事的にロシアを屈服させることは不可能だっただろう。まがりなりにも勝利を収めることができたのは、国際環境が日本に好意的だったからである。イギリスは日本海に向かうバルチック艦隊の行動を各地で妨害し、英米は戦費調達のための外債募集に協力した。日本海海戦で日本が勝ったのを見て、アメリカが和平の斡旋に乗り出した。これによって一九〇五年八月にポーツマス講和会議が始まるのである。

帝国日本の完成

日露戦争の立役者は陸海軍であったから、バルチック艦隊をたたきのめした東郷平八郎など軍人の名声が高まった。日露戦争後、軍部の発言力が増大したのも勢いというものであっただろう。すなわち藩閥の中では山県閥が優勢になり、伊藤系は影が薄くなっていった。

山県閥が優勢になったために、国策に対する考え方に軍事の占める比重が大きくなった。日露戦争に勝利したことは、国際環境によるところが大きかったにもかかわらず、またロシア国内の政情によるところが大きかったにもかかわらず、しかも軍事的に圧勝したわけでもなかったにもかかわらず、である。

日露戦争は両国が激しくリングで殴り合って、一方が相手をノックアウトしたというたたかいではなかった。両国がへとへとに疲れて肩で息をしながらにらみあっているところに、レフェリーが止めに入ったといった終わり方をしたのである。

そうであったがゆえに、藩閥とくに軍部は戦後に不安をかかえた。背伸びして手にした勝利の果実を確実なものとするために、いっそう背伸びしなくてはならないと考えたのである。そのためには体制を整えなければならない。まずロシアの巻き返しに備えて国内体制を整えなければならない。それが帝国国防方針（一九〇七年）になり、戊申詔書（一九〇八年）になってあらわれた。だから帝国国防方針は身の丈に合わない軍備拡張を求め、戊申詔書は戦争に勝利したにもかかわらず、国民をひと言も誉めることなく、いっそう忠君愛国をつくせと叱咤したのである。

一方、軍事外交の情報は国民には知らされなかった。知らされなかったというと大げさであるが、国民が自分で判断するに足るだけの材料は示されなかった。そこで国民の間には戦勝によって得られるものへの期待感がかき立てられた。それだけにポーツマス講和条約が無賠償と知らされると、国民の怒りと失望は深かった。対外硬派は日比谷公園で講和に反対する国民大会を開いた。そして憤激した国民は国民新聞社や内相官邸、交番を襲うなど暴動を起こした。戒厳令が敷かれ軍隊が出動するという騒ぎになった。

直接の原因は政府と政党と新聞が挙国一致で戦争熱を煽ったことだったが、新聞が戦争指導について得た情報は限られていた。新聞は戦争のたびに発行部数を大幅に伸ばしたのであるから、いきおい威勢の良いことばかり書くほうにながれた。たとえば陸羯南の『日本』でさえ、連日激烈な論説をかかげていた。陸羯南は日露戦争中病床にあって、彼は講話条件が明らかになったとき受け入れるしかないという判断をしていた。しかしそのころ実際に紙面をつくっていた古島一雄らは羯南に従わなかったのであった。[9] 結局、もとをただせば政府の情報管理に根本的な問題があったことは疑えない。

日露戦争に勝利して日本は曲がりなりにも帝国として完成した。しかし、背伸びして手に入れた帝国の栄光をどうやって維持していくか。それが帝国の行く手に暗い影を差しかけた。国民はいくら業績を上げても誉められず、国家だけが栄誉を独占した。背伸びするだけ背伸びした帝国だった。

日露戦争で日本は朝鮮半島を勢力圏とすることについて列強の承認を得た。アメリカとの桂・タフト協定、イギリスとの第二次日英同盟、そしてロシアとのポーツマス条約によって。韓国において支配的な地位を占めることを承認した。そして一九一〇年には韓国を併合して、陸軍の寺内正毅が初代朝鮮総督になった。

朝鮮半島を掌のうちにした日本はロシアと分け合うようなかたちで満州を勢力圏とした。日露協約を結んで門戸開放を主張するアメリカの進出をはばんだ。こうして日露戦争後、日本はアメリカ・清国と対立し、ロシアと連携するという形勢になった。

註

（1）宇垣一成は昭和の陸軍において注目すべき存在である。宇垣は軍事のあり方について、本来軍人が持つべき広い見識を持っていた。昭和の陸軍で宇垣のような人物はほかにいない。しかし宇垣の研究はあまり多くない。北岡伸一『官僚制としての日本陸軍』筑摩書房、二〇一二年を参照。
（2）『陸羯南全集』第1巻、みすず書房、一九六八年、一七三ページ。
（3）『近代日本思想大系5　三宅雪嶺集』筑摩書房、一九七五年、二五三ページ。
（4）『明治文学全集33　三宅雪嶺集』筑摩書房、一九六七年、二一四ページ。
（5）『人間の記録43　三宅雪嶺　自伝／自分を語る』日本図書センター、一九九七年、一〇三ページ。
（6）『明治文学全集91　明治新聞人文学集』筑摩書房、一九七九年、二八七ページ。
（7）『近代日本思想大系8　徳富蘇峰集』筑摩書房、一九七八年、一六三ページ。
（8）『明治文学全集34　徳富蘇峰集』筑摩書房、一九七四年、二七〇ページ。
（9）古島一雄『一老政治家の回想』中公文庫、一九七五年。

第二章　民主主義と帝国主義

1　尊王攘夷、公議輿論、自由民権

尊王攘夷、公議輿論、自由民権

明治の政治がかかげた理念は、尊王攘夷、公議輿論、自由民権の三つだった。このうち最も存在感が大きかったのは尊王攘夷であるが、尊王攘夷には尊王と攘夷というふたつの要素があった。新政権は成立するやいなや攘夷を捨てたのであるから、実際には尊王攘夷はナショナリズムの表現だった。

尊王攘夷にくらべると地味だが、公議輿論は尊王攘夷より重要な役割を果たした。自由民権運動から明治立憲体制へ、そして大正デモクラシー期の憲政の常道へ、さらに戦後の議会主義へと、長期にわたって政治システムの発展を導く原理としての役割を果たした。尊王攘夷は一九三〇年代になると日本主義の台頭と結びついて攘夷の部分が復活し、やがて日本を滅ぼしてしまうが、これに対して公議輿論は戦後の新憲法体制にも引き継がれたのである。

三つの中で最も新しいのが自由民権である。自由民権は幕末には外国事情にくわしい一握りの幕臣には知られていたものの、倒幕派には馴染みのない理念だった。明治維新以後に明治六年の政変で下野した反政府派がとなえたのである。しかし、だからといって自由民権は藩閥政府に無視されたとか反対されたとかいうわけではない。自由民権運動にかかわった人たちも元はといえば倒幕派であり、その指導者は明治六年の政変で下野するまでは、新政府の実力者たちだったのである。自由民権を構成する要素の重要性については漠然としてであれ共通の了解があった。四民平等、身分解放令（穢多非人の廃止)、公娼制度廃止などはその例だった。しかし四民平等が徴兵告諭や学制にうたわれたように、政府の取り組みは、必ずしも真っ向から国民の権利を定めるというかたちではなかった。納税と兵役という、国民の義務を定めるかたちで四民平等はうたわれたのである。

また自由民権には政治をはみ出して広い社会的なすそ野があった。それを耕したのは福沢諭吉のような明治啓蒙の思想家たちだった。政治の領域では忠君愛国がやかましく叫ばれたとしても、日常的な市民生活の面では、学問をおさめること、立身出世、栄養豊かな食生活、清潔な住環境など、国民ひとりひとりの人生を大切にする実務的な知恵が広がっていった。福沢諭吉が書いた『通俗民権論』はタイトルにこそ民権がうたわれているが、政治的な権利についてはほとんど書かれていない。ここに書かれているのは、実学をおさめること、勤勉に働くこと、約束を守ること、健康を大切にすることなどなどだった。自由民権はひとりひとりの人間が良き人生を送ることを視野に入れた、まことに大きな理念だったのである。

自由民権の重要性は藩閥政治家にも認識されていた。文明開化というスローガンにもいくぶんか自由民権に通じる要素がふくまれていた。ただし、三つの理念の中では自由民権はいちばんかげがうすかったのである。しかも自由民権には忠君愛国と相克する部分があった。そのためもともと自由民権をかかげていた自由党または自由党系の政治家たちも、政党が政権に接近するにつれて、自由民権の理念の扱いがじょじょにおろそかになっていった。

国家は自由民権に真っ向から取り組まなかった。たとえば思想信条の自由が尊重されなければならないことは意識されていたが、内村鑑三の不敬事件（一八九一年）と幸徳秋水らの大逆事件（一九一〇年）は、国家が思想と信教の自由を真に優先すべき問題と見なさなかったことを象徴している。明治一四年の政変で大隈重信と大隈の息のかかった官僚が下野してから以後は、自由民権に理解を持つ若い官僚が育つ余地も少なくなってしまった。いきおい自由民権は学問のテーマになっていった。

これ以後、洋行した学者たちが法律学や経済学の研究の中で自由民権のテーマを扱うようになる。学者がどういう態度で自由民権に接したかは外山正一がよく象徴していえる。外山は『新体詩抄』の三人の著者のひとりであり、若いときは自由民権にシンパシーを抱いていることを隠そうとしなかったようである。そのことは教室で外山に教わった三宅雪嶺の回想に出てくる。しかしやがて外山は言動に気をつけるようになり、最後は文部大臣になる。

学問と実務の接する領域の中で最も矛盾が激しかったのは憲法学であり、次いで教育・道徳の分野だった。憲法学では臣民の権利と天皇大権をどのように関係づけるかが大きな問題になった。教育・道徳の分野では、忠孝と個人の自由の関係、徳育の内容などが大きな問題となった。前者では天皇機関説、後者では国民道徳論をめぐる軋轢が問題の難しさを物語っている。

国家が自由民権に対して真剣でなかった最大の原因は、帝国主義時代の国防問題にあった。対外戦争に勝つたびに軍部の威信は高くなり、植民地を獲得するたびに、軍備拡張への要求は増大し、軍拡の負担が重くなるにつれて国民に対して自由民権より忠君愛国が求められるようになった。国民を代表していた政党は、負担が重くなるのと引き換えに国民の権利の拡張を求めるのが普通である。しかし政党には、政権に参加するためには軍部の言い分を受け入れなければならないというジレンマがあった。そのために国民はその負担に見合うだけの処遇を受けなかった。リップサービスさえ、国家は惜しんだのである。

軍部は兵士に対して死をおそれぬ精神を植えつけようとした。「大君の辺にこそ死なめ」と天皇に命をかけて忠誠をつくすことを求めた。「醜の御楯」ということばがあるが、「醜の御楯」とは、天皇の楯となってたたかうもののことで、武人が自分を卑下していうことばである。国民はいわば「醜の御楯」となることを要求されたのである。それは臣民としての義務であって、その見返りに与えられるものは明示的にはなかった。

その一方で、国民の間にも、死をおそれぬヒロイズムがもてはやされる素地があった。江戸時代以来、町民の間にも浄瑠璃や歌舞伎の時代ものによって、主人や偉大な人物のために自分の子どもの命をささげたり（たとえば『国性爺合戦』や『菅原伝授手習鑑』）、自分が命を絶ったりするおこないがしきりに賞賛されてきた。武士はなおさらのことであった。明治末期になると桃中軒雲右衛門の浪曲が起こり一世を風靡した。浪曲も同じような死の美学を訴えた。義士ものや義侠ものはもちろんのこと、寿々木米若の「佐渡情話」は愛し合う男女が最後は死んでしまう物語だし、三門博の「唄入り観音経」も、自殺をはかった主人公が義賊にたすけられ、義賊が捕縛されたときに助命のために奔走するという物語なのである。死の賛美は人命軽視に直結する。人命軽視が自由民権と真っ向から対立することはいうまでもないだろう。

国家が自由民権に対してしっかり取り組む姿勢を見せず、政党も権力に近づくにつれて自由民権をないがしろにする様子を見せ始めた。そのため新しく社会主義が登場したときに、自由民権の理念のかなりの部分が社会主義の占有するところとなった。労働者や女性や植民地の人びとなど社会的弱者の権利、国家と国民の関係などなど、今日では国家がしっかり取り組むべきとされる問題を取り上げたのは、戦前においては主として社会主義者だった。

二〇世紀はじめまでは社会主義は革命だけをめざす思想ではなかった。社会主義は、自由主義や国家主義と並列の思想だった。だから言論界では、社会主義者は自由主義者や国家主義者とともに親しく交わり談論風発したのである。しかし藩閥官僚の中にはげしく社会主義を嫌悪するものがあり、大逆事件とロシア革命を経て社会主義は革命思想の性格を色濃くしていくのである。

戦争は社会を民主化する

さて、観点を変えて、もう少し近代日本の政治を俯瞰しておこう。

戦争は社会を民主化するということばがある。古代ギリシアでは紀元前五世紀にペルシア戦争が起こった。そしてサラミスの海戦で勝利したあと、アテネではペリクレスの時代に民主主義の花が開いた。サラミスの海戦のことはヘロドトスの『歴史』にくわしく書かれているが、三段櫂船（ガレー船）のこぎ手は下層民衆だった。ペルシア戦争後アテネでは下層民衆の発言力が増大した。

近代日本もまた戦争が民主化した。一八九〇年の第一回議会以来、帝国議会は民党が多数を占め、ことごとに政府と対立していた。だが日清戦争により藩閥官僚と政党の連携が進んだ。それを進めたのは伊藤博文と自由党だった。一九〇〇年に、伊藤を党首として立憲政友会が結成され、いわゆる一九〇〇年体制が誕生した。日露戦争は桂太郎内閣のもとでたたかわれたが、桂太郎は山県有朋に最も近い陸軍大将だった。桂は立憲政友会の西園寺に自分のあとは政権を譲るという理由で協力を求めた。

こうして日露戦争後には山県閥の桂太郎と立憲政友会の西園寺公望が交互に政権を担当する桂園時代を迎えた。桂と西園寺の「情意投合」などといって批判されることもあったが、政党が政権に本格的参画を果たしたこと、山県閥と立憲政友会というふたつの権力主体が並び立つ疑似二大政党制が実現したことで、日本の立憲政治は多元化に向かって歩を進めたのであった。

いま民主化ということばをつかったが、誤解を招きやすいことは承知している。民主化といっても、今日われわれが民主主義ということばをつかうときとは大きく違うところがあることを指摘しておかなければならない。そもそも今日では民主主義は平和と結びついているが、そのころは結びついていなかった。民主化は独立と結びついていた。その先で民主化は帝国化とも結びついていた。民主化と独立、および帝国化をめざすという点では、藩閥政府も自由民権運動も対外硬派も言論界もほぼ足並みをそろえていた。

藩閥には政党と連携を求めるもの（伊藤博文系）と政党嫌いの藩閥（山県有朋系）があったが、前者はいわば民主帝国をめざした。これに対して後者は民主化抜きの帝国化をめざした。民主帝国の主張が藩閥官僚よりも政党や言論界のほうで強かったのはもちろんのことである。矢野龍渓が『経国美談』で描いた古代ギリシアのセーベ（テーベ）の姿は、彼らがめざす民主帝国の原像だった。日清日露第一次世界大戦の三つの戦争には勝利したので、戦後の民主化は帝国化と結びついていた。第二次大戦に敗れて、民主化はようやく平和と結びついたのである。

民主化・軍事化・帝国化

第一に民主化は軍事化と雁行した。だから戦勝ごとに軍人の重みが増した。政党の存在感も増したが軍部をしのぐまでには至らなかった。軍人の重みが増したことは異とするにたりないとしても、民主化という観点から見ても帝国化という観点から見ても、当の軍人の思想が何やらもの頼りなかった。国際政治の認識にしても、統帥権の解釈にしても、国力と軍事力の位置づけにしても、陸海軍の関係にしても、人命尊重の意識にしても、すべてにおいて危ういところがあった。軍人としてのプロフェッショナリズムに徹していなかったというべきであろう。第一章で徳富蘇峰を取り上げたが、蘇峰は陸軍の思考様式をよく代弁していたと考えていい。蘇峰は桂太郎と深い結びつきがあり、桂らの考え方から大きな影響を受けていたのである。その蘇峰の思想を見れば軍人の思想のおおまかなところが想像できるだろう。

軍部、とくに陸軍は数多くの首相と大臣を生んだ。軍部は政治において非常に大きな地位を占めていたのである。そして日米開戦に踏み切ったのは東条英機内閣だった。東条英機は陸軍軍人であった。そのことが、軍人の思想の危うさを如実に物語っている。

第二に民主化は帝国化と手を携えていた。日清戦争で日本は植民地を獲得して帝国化した。そして植民地支配は軍部がほとんど独占した。台湾は植民地時代の中期を除いて、朝鮮はその全期間において、軍人が総督のポストを占めた。国内の統治構造は議会にせよ内閣にせよ、植民地の統治には適用されなかった。のちの満州国の統治構造はそのような統治慣行の延長にデザインされた。植民地支配の構造は、大日本帝国の統治構造がどのような性格のものだったかを逆照射している。

これまで民主化が軍事化を伴ったとか、民主化が帝国化を伴ったと述べてきたが、むしろ戦争が帝国化と軍事化と民主化をもたらしたというほうが正確であろう。民主化は大日本帝国の栄光の一部をなしたのである。そして戦争は、日本が欧米列強の仲間入りを果たすための、つまり帝国主義国になるための重要なステップになった。そのステップを踏むたびに民主化と軍事化が進んだのである。

帝国化と軍事化と民主化が並行したが、政党や新聞は植民地問題と国防問題について十分に自由な議論ができなかった。政党の政権参加の道は軍事や植民地問題に対して根本的な論議を封じることと引き換えに開かれていたからである。新聞は政党より自由な言論が可能だったが、十分な情報が提供されなかったため軍事問題については威勢のいいことをいうしか能がなく、植民地問題については強い民族的偏見にとらわれていた。一八九〇年代以後になると、少年雑誌にまで、中国人や朝鮮人を侮蔑する記事やマンガが実に頻繁に掲載された。

こういう意味で、戦前における憲政の常道や政党政治の発達をあまり高く評価してはいけない。わたしは戦前の政治体制をH・リンスの定義による権威主義体制だったととらえている。一八九〇年の第一回帝国議会から一九三二年の五・一五事件まで、日本の立憲政治は権威主義体制の民主化ともいうべきプロセスをたどったのであった。それはあくまでも権威主義体制であって、民主主義体制が成立したわけではなかった。そして五・一五事件のあと政治発展の道は閉ざされ、軍国主義が支配する日本型全体主義体制に転落してしまうのである。

日露戦争後の政治

日露戦争に勝利して陸海軍は大いに気勢があがった。あがり過ぎて無茶な目標を描くようになる。賠償金も取れず、さしたる国際紛争もなくなったのに国力不相応な軍拡を要求した。一九〇七年に策定された「帝国国防方針」には露米仏を仮想敵とすることがうたわれた。アメリカは講和の仲介をしてくれた国であるし、日露戦争後は日露の協調が進んだのであるから、国力にも見合わないし、国際環境にも、外交方針にもそぐわない国防方針であった。その遠景にあったのは、まだそのころは漠然としていたが、満蒙経営という陸軍のずいぶん背伸びした目標であった。

ところで前章で紹介した『時務一家言』の中で、徳富蘇峰は、人類史は諸国が領土拡張にしのぎを削ってきた歴史である、それは是非善悪をこえた厳然たる事実であるとし、だから攻める側にせよ守る側にせよ軍備拡張が不可避であると書いた。そして今日においては民族発展と領土拡張は切っても切れない関係にあるのだから、日本は積極的に大陸経営に乗り出すべきだと主張した。それ以外に道はないと、蘇峰は断言している。そして領土拡張に慎重な考え方をこきおろしている。「人或は民族は発展せしめよ、領土は拡張せしむる勿れと云ふ。何ぞ思はさるの甚たしきや」[1]。蘇峰の思想は、そのころ山県有朋ら陸軍が描き始めた大陸進出の構図とぴったり符節を合わせていた。

山県閥の方針にそって日韓併合がおこなわれた。伊藤博文などは併合に消極的だったが、押し切られた。すると今度は治安維持のために陸軍部隊の駐留が必要になった。だが政友会は積極政策を推進しており、莫大な鉄道建設費用を要求していたから、予算要求の調整が必要であった。日露戦争後の内政は限られた財政資源の奪い合いで、難しい局面を迎えるのである。山県閥と政友会が交互に政権の座についたのは、その難局を乗り越えるための体制を組んだという側面があった。

二個師団増設問題と大正政変

桂園時代は一九一二年末に西園寺内閣が倒壊することで終わった。そのきっかけとなったのは二個師団増設問題で、陸軍は朝鮮半島に二個師団を増設することを要求したが、戦後の行政整理に取り組まなければならない西園寺は拒絶した。そもそも西園寺は首相であるにもかかわらず、なぜ二個師団を増設しなければならないか、その根拠となる帝国国防方針を見ることもできなかった。西園寺が陸軍の要求を拒否すると、上原陸相は辞任し、陸軍は後継陸相を出すことを拒んだ。そのため内閣は倒れた。こうして桂と西園寺の提携は終わりを告げた。そして西園寺のあと、桂が後継首班の指名を受けた。これには世論は激しい批判を浴びせた。そのため桂内閣はわずか二カ月で倒れた。これが第一次憲政擁護運動であり、大正政変である。

二個師団増設問題の裏には、積極的な大陸政策をめざす上原勇作、田中義一らの存在があった。それまで陸軍は山県を中心にして桂太郎と寺内正毅が両脇をかためる体制であった。そして桂も寺内も出身母体である陸軍の要求をいくぶんか抑えて国家全体に目配りしていた。ところが上原や田中は桂、寺内のように国家的な見地から国の政策全体を見わたすのではなく、陸軍の立場にたってものごとをとらえ非妥協的に自己の主張を貫こうとする傾向があった。具体的には経済力を二の次にして軍備拡張を求め、大陸進出を進めようとしたのである。上原・田中の世代が陸軍中枢を占めるようになってからあと、藩閥の最右翼に位置していた陸軍が、やがて独自性を強く打ち出していくことになる。そしてそれに伴って戦前の軍人の資質の限界がじょじょに露呈していくのである。つまりかつての戦国大名のような広い視野に立って国家経営を考えるという発想を失っていくのである。突飛な空想だが、武田信玄なら植民地支配をずっとうまくやったのではないだろうか。

日本は新興の帝国主義国だった。同じ帝国主義国から資金を調達するなどしており、経済力の伴わない帝国主義国だった。そのうえ第一次世界大戦後になると、帝国主義そのものが批判を受けるようになるのである。だが経験の浅い日本は軌道修正がままならなかった。

2 帝国主義の日本と日本人

高山樗牛が理想とした日本人

帝国化は軍事化と民主化を進めたが、民主化は国家システムとしての民主化であって、人間像や道徳観の民主化ではなかった。そして軍事化が要求した人間像や道徳観は国家が推奨するものと同じだった。人間像や道徳観の民主化は、帝国化からではなく、第一次世界大戦後、市民社会が成長することから起こった。こうして一九二〇年代には、帝国化が要請する人間観道徳観と市民社会が要請する人間観道徳観が対立するようになった。一九三〇年代になると、両者は真っ向から衝突するのである。

国家が推奨した人間像は立身出世と良妻賢母に代表される。そして国家の道徳は国民道徳論が提唱した忠孝一本だった。女性にはそのうえに貞が要求された。しかし道徳はともかく、立身出世を果たす男もその男に嫁ぐ女も、一握りの人たちである。立身出世とも良妻賢母とも縁遠く、しかも人びとが好きになるような、そういう帝国日本の典型的日本人はどんなふうだったのだろうか。具体的な人間像はいまでは容易にイメージできないだろう。あえていえば浪花節好きな善良な庶民だろうか。当たらずといえども遠からず、かもしれない。清水次郎長や遠州森の石松など、浪花節の人気者は大勢いたのである。

男に限っていえば、小説家の佐藤紅緑が好んで描いた快男児といえばいいだろうか。いやそれなら、村上浪六の撥鬢（ばちびん）小説に登場する義侠の人も捨てがたい。大久保彦左衛門につかえたという魚屋の一心太助はどうだろうか。一心太助は河竹黙阿弥が書いた歌舞伎狂言に登場する人物だが、その人気は戦後も一九六〇年代までつづいた。いずれにしても、われわれから見ると相当に古いタイプの日本人である。

帝国日本の少年は押川春浪（しゅんろう）が主筆を務めた『冒険世界』や『武侠世界』を愛読し、山中峯太郎が書いた軍事探偵小説『亜細亜の曙』『大東の鉄人』に登場する本郷義昭少佐のようになりたいと思っていたかもしれない。押川春浪が海底軍艦シリーズを書いたのは一九〇〇年代で、山中峯太郎の軍事探偵小説が書かれたのは一九三〇年代であるから、三〇年もの違いがあるが、人間像は基本的に変わらないといえる。

さて、いま並べたようなヒーローを推奨したのが高山樗牛（ちょぎゅう）（一八七一〜一九〇二）であった。高山樗牛は日清戦争後の論壇で活躍した。おもな舞台は文芸評論であったが、自身にも『滝口入道』というロマン主義的な小説があった。樗牛は熱っぽくかつ勇ましく人生や文学を論じ、若者に人気があった。

その命はわずかに三〇年をこえたところで尽きてしまったが、その短い間に、浪漫主義から日本主義へ、そして日本主義から超人主義へと、激しい思想的転回を見せた。ニーチェに傾倒したり日蓮に心酔したりと、実に激しい思想遍歴だった。そのために樗牛は「豹変博士」とあだ名された。

樗牛は国家主義と国民文学をとなえて、文壇に殴り込みをかけるような勢いで乗り込んでいった。「非国民的小説を難ず」では、文壇文学を「非国民的文学」と全否定し、一般読者受けしない小説、一般読者の好尚にそぐわない小説に価値はないと啖呵を切った。日本国民は快闊楽天であり、尚武任侠であり、道義的であり、忠孝義勇を重んじる。ところが写実小説は悲哀厭世を説き、涕涙柔懦を語り、非倫敗徳を奨励し、君父を語らない。これではだめだ、と論じた。ではどういう文学が求められているのかというと、樗牛が推奨したのは、何と村上浪六だった。いわく、「尚武義勇は我国民の一特性なり。一言の然諾を重んじ、甘んじて身命を拋ち、己を知るものの為に一死を顧みず、是れ豈所謂武士侠客の精神に非ずや。闊達物に拘らず、而も意気相感ずれば死生を以て相許す、是れ慥かに我国民の一部理想的人物なり」[2]。村上浪六の撥鬢小説こそ日本人のはつらつとした元気を表現しているというのであるから、もしもあと一〇年も生きていたら、樗牛は浪花節の大ファンになっていたに違いないと思われる。

樗牛はどこまでも世俗的に、国家建設に有用かどうかという基準だけで、国民の精神的な営みを測ろうとした。その姿勢が最もはっきりあらわれているのが、『太陽』一八九七年に発表された「日本主義を賛す」である。ここで樗牛は、国民的特性の自覚を促して、国家と宗教は相容れないという考えを、威勢のいい語り口で論じている。日本人はそもそも現世的民族である。「我が国民の思想は由来現世的にして超世的にあらず」[3]。ところが仏教は一切煩悩の解脱をめざす。人生に不可欠な実利を憎み、人欲を退ける。社会国家に背を向けているのは明らかだ。キリスト教は国境をこえて人類はみな神の子だととなえている。忠君愛国は迷妄だといってしりぞける。これではとても国家とは両立しない。しかし国家は人類の発展がもたらした必然の形式である。人は独りでは生きられない。家族をつくる。家族だけでは生きられない。社会をつくる。社会を制御するに国家が必要である。かくして国家は外に一国独立を張り、中に国民利福をはかる。国家なくして人類的情誼もないではないか。そのように論じて樗牛は、最後に帝国主義的膨張をすべきと主張している。

「我国民は公明快活の人民なり。退嬰保守と憂鬱悲哀は、其性に非ざるなり。是に於てか日本主義は、光明を旨とし、生々を尚ぶ。是に於てか夫の退讓を重じ、禁欲を訓へ、厭世無為を鼓吹するもろ〳〵の教義を排斥す。億兆一姓に出で、上下其心を一にし、内に臨みては様蕚相親しみ、外に対しては毎に国威を発揚して、古来未だ曾て外侮を受けず。是れ我国民の万邦に冠絶せる所なり。是れを以て日本主義は、平時にありて武備を懈らず、いよ〳〵国民的団結を鞏固にせむことを務む」[4]。

徳富蘇峰が求めた理想の日本人

徳富蘇峰が慫慂した日本人像も、はなはだ高山樗牛と似ている。樗牛は「国民的特性の自覚」を促したが、『大正の青年と帝国の前途』で、蘇峰は「帝国的自覚」ということばをつかって一項を起こし、帝国日本を支えるべき人間像を書いている。「然も此の如き矛盾に拘わらず、尚ほ我が国民にして、一旦緩急に際して、国家の要求に、応ずるを得たる所以は何ぞや。他なし国民的素質是れのみ。

如何に浮薄なる近世的利己主義の、我利〳〵亡者も、其の一皮を剥ぎ来れば、尚ほ是れ日本男児也。彼等の血管には、父祖以来、愛国殉公の熱血は、溢れ居る也[5]」。軽佻浮薄の利己主義者と見えるものも、日本男児である限り、だれにも「愛国殉公」の熱血が流れているのだ。そういって蘇峰は愛国殉公の熱血漢になれと促しているのである。

『大正の青年と帝国の前途』は一九一六年に出版された。一九〇八年に出された戊申詔書が書けなかったことを、つまり国家が期待する人間像を、八年後に代弁したような内容の本だった。蘇峰は例によって史論家としての知識を駆使して、多くの人物群像を盛り込みつつ、幕末外交史を論じ、さらに明治の外交を論じている。蘇峰がめざしているのは、日本の海外雄飛を推進することであり、そのために必要な自覚を読者に求めることだった。だから『大正の青年と帝国の前途』は分厚い本であるが、その主張は案外単純明快である。前項で紹介した高山樗牛の二本の評論は一八九七年、九八年に、いずれも雑誌『太陽』に掲載された。日清戦争後の日本人の高揚した気分をあらわしているような評論であるが、それから二〇年近く経って、蘇峰は樗牛の主張を繰り返しているわけである。

ただし蘇峰は、大正の青年を頼りなく感じていて、愚痴をこぼすような、叱るような口調がまじっている。樗牛は「如何に浮薄なる近世的利己主義の、我利〳〵亡者も、其の一皮を剥ぎ来れば」などといった限定のことばを書かなかった。樗牛が批判したのは、本当の日本国民からかけ離れてしまった文学者たちのほうだったからである。ところが蘇峰は、日本人そのもの、とくに大正時代に成人する若い世代の日本人に不安を抱いていた。蘇峰はこの世代の若者を「金持ちの若旦那」のようなものだとし、模範青年、成功青年、煩悶青年、耽溺青年、無色青年の五つに分類している。そして国家を憂うる気持ちがいかに重要かを主張するために、幕末にさかのぼって縷々詳述し、営々努力した結果日露戦争に勝利して、ようやく列強に並びかける帝国になったが、この新興帝国の地位を維持発展させるために日本人はのうのうとしていられないのだと論じている。

それは日本人が柔弱になったというよりも、日本の帝国化の目標が身の丈に合わないほどに大きくふくれたからである。樗牛が「日本主義を賛す」を書いてから、およそ二〇年の間に、日本は日露戦争を経て列強の仲間入りを果たした。そして『大正の青年と帝国の前途』が書かれたのは第一次世界大戦の最中であった。著述家としての蘇峰は、出世作となった『将来之日本』（一八八六年）や、前後して書かれた『新日本之青年』では、社会学の理論を駆使して、将来の世界と日本のあり方を論じた。世界は「産業機関中心の社会」に向かって変化しつつある。そこでは人間関係は「自由の結合」によってつくられ、政治は多数のものになり、国際関係は平和になると主張した。ひとことでいって、平和で豊かな平民主義の社会が来るというのが蘇峰の展望だった。この時点で、蘇峰は自由民権と政党に期待し、伊藤博文に好意を寄せていた。ところが日清戦争後の三国干渉を目撃して衝撃を受けた蘇峰は大きく変わった。「力の福音」を信奉する帝国主義者に変貌したのである。以後蘇峰は、帝国主義と陸軍の視点で発言するようになる。『大正の青年と帝国の前途』は、まさしくそういう立場で書かれたのである。最近の研究では、蘇峰は大きく変わっていないという見解が有力だが、政党から陸軍に、伊藤から桂太郎に依拠する場所を移したのであるから、やはり大きく変わったというべきである。みずから政党をつくった伊藤と政党嫌いの山県では大違いである。

以下では、日露戦争前に立ち戻って、蘇峰の足跡を見ておこう。

蘇峰の「変節」

日清戦争後、日本はロシアと協調してお互いの勢力範囲を認めるか、またはイギリスと同盟してロシアの進出をはばむか、どちらを選ぶかという局面を迎えた。伊藤や井上馨はロシアとの協商路線を、山県有朋や当時ロンドン公使であった加藤高明（のち首相）は日英同盟を主張していた。このふたつは必ずしも対立するものではなかったが、力でロシアに立ち向かうべきと考えた蘇峰は日英同盟論をとなえるようになった。

一八九六年、蘇峰はほぼ一年間の世界漫遊の旅に出て、世界の実情についての知見を深めた。ロンドン滞在中には日英同盟の必要性を主張した論説を「デイリー・ニュース」に掲載したりした。帰国後、蘇峰は松方内閣の勅任参事官になった。信じるところの軍備拡張のためであった。一九〇一年には、桂太郎内閣の成立に際して、蘇峰は桂内閣に協力することを約束した。

松方内閣に政府の一員として協力して以来、蘇峰は変節したとして激しく批判され、『国民新聞』は御用新聞と揶揄されるようになる。日露戦後の講和条件が無賠償だったときには、蘇峰の『国民新聞』は桂内閣を支持した。そのため民衆が激昂して日比谷焼き討ち事件を起こしたとき、国民新聞社は襲撃され損害を受けた。

桂との親交は桂が一九一三年に他界するまでつづいた。その一九一三年に出た『時務一家言』では、蘇峰は国家の軍事力による満蒙経営を語るまでになっていた。いわく「日本の防御は朝鮮に於てし、朝鮮の防御は南満州に於てし、南満州の防御は内蒙古に於てす。是れ実に攻勢的防御の眼目にして、単に此の一点よりするも、満蒙の経営は、決して閑却する可らさる也」と。第一議会で山県有朋が語った利益線は朝鮮半島を意味していたが、いまやそれは南満州を越えて内蒙古にまで拡大されたのである。

徳富蘇峰にしてこの言ありかと思うが、あからさまにいって蘇峰は、戦争と政治の関係についても、外交のあり方についても軍から得た情報を鵜呑みにし、軍人の間で議論されていたことを、まるで自分の意見であるかのように論じ、威勢のいいことばかりいって気勢をあげている。そういってしまえば誇張になるが、わたしには、そのように見えてしまう。蘇峰自身はこれは自分自身の意見だというに決まっているが、考えてみれば、外交における秘密主義が三国干渉に対する国民の憤激を呼んだかもしれないのである。日本の対清交渉姿勢があまりにも強硬だったので三国干渉を招いたという批判が起こってもおかしくなかった。政府が国民に、客観的に判断できる材料を提供していれば、言論界はただ憤激するばかりで良かったはずがない。蘇峰にしても、もっと国際関係の実情に通じていたら、はたして三国干渉で世界観が変わるほどの衝撃を受けたかどうか疑問なしとしない。とにかく蘇峰の言動には、そのことに思いが至った形跡はない。

もちろん雪嶺にあった多様の調和という概念は蘇峰には見えない。多様の調和とは、ひとことでいえば外交ということである。権謀術数を尽くし、合従連衡を模索して安全保障をはかる。そうしながら国家は生存を確保するのである。ドイツ宰相ビスマルクは複雑な同盟関係の網の目をはりめぐらせてドイツ帝国の安全をはかったのである。多様な他者との関係は軍事力によってはつくれない。国防の発想は多様な他者との連携の重要性を見失わせかねない危険を持っているのである。しかしながら蘇峰の文章から、権謀術数を尽くして合従連衡をはかり、それによって自国の安全をはかるという発想を読み取ることはできない。

桂太郎内閣に肩入れし、政府に食い込んでいったことは、それ自体としては理解できる。言論人には情報が必要である。喉から手が出るほど情報が欲しかっただろう。ところが蘇峰が接近した相手は陸軍だった。陸軍には軍事的な視野以外にこれといった知見がなかった。蘇峰がたよりにするべき相手ではなかった。結局蘇峰はあたかも陸軍の代弁者になってしまったかのごとくだった。

藩閥政府のスポークスマン

松方内閣に協力したころから、蘇峰はあたかも藩閥政府のイデオロギー的スポークスマンのような存在になっていった。蘇峰は、皇室が大和民族の宗家であるとし、日本人の宗教は「祖先教」だとした。蘇峰の皇室中心主義は、法律学者の穂積八束がとなえていた「祖先教」の思想を受け継いだものだった。穂積八束は、日本人全体が血縁関係によって皇室と結ばれているのだとする家族国家観をとなえ、日本人の祖先はひとつであり、日本人にとっては、天皇に忠をつくすことは親に孝をつくすのと同じことなのだと論じた。

一九一〇年、日韓併合で朝鮮が植民地になると、蘇峰は朝鮮総督に就任する（陸相を兼任）寺内正毅に依頼され、言論統制にかかわる。朝鮮総督府の機関誌であった『京城日報』の監督になったのである。蘇峰は朝鮮民族の自治を認めなかった。蘇峰が主張したのは朝鮮民族の同化だった。そして、そのための当面の手段は力づくで抑え込むことだった。将来は朝鮮人の自尊心を尊重しなければならない。しかしそのためには、朝鮮人が自分たちのアイデンティティを捨てて日本人に同化することが必要である。それまでは力によるほかないというのが蘇峰の考えだった。

中国状勢についても、蘇峰の思想は陸軍中枢の対外観と政策に歩調を合わせるものだった。中国人には家はあっても国家はない。国家としての中国は恐るるに足らない。しかし中国が共和制になるのは何としても阻止しなければならない。そうなったら日本にも共和思想がはびこることになりかねない、と蘇峰は主張した。共和制を阻止すべきとの考えは山県有朋の考えと軌を一にしていた。

日露戦争後、とくに第一次世界大戦後の蘇峰の言論は、何ということばで評価したらいいかわからない。わたしが思い浮かぶことばは、学者に似つかわしくないことばばかりである。蘇峰は、日本は旅ガラスだといって国際的な被害者意識をむき出しにし、アメリカの排日移民法を激しく批判し、「白閥打破」をとなえて人種主義による対抗を主張し、アジアモンロー主義をかかげた。そしてアメリカに対する反感がじょじょにむき出しになっていく。政治に関与することから身を引いた一九一三年に出版された『時務一家言』では、大和民族は世界の中で孤立している。「我が大和民族は、世界に孤立せる孤客たり」[6]。開国進取は国是である。日本は大陸経営に乗り出した。道半ばである。前進あるのみ。日本人はその雄志を忘れるようなことでは困る、と怪気炎をあげている。

満州事変以後になると『増補国民小訓』（一九三三年）、『昭和国民読本』（一九三九年）、『興亜の大義』（一九四二年）などなど、戦意昂揚のための読み物を量産した。日米戦争が始まった翌一九四二年に、日本文学報国会と大日本言論報国会が相次いで結成されたが、このとき蘇峰は両方の会長の座についた。そうなるべき立場にいたのである。

蘇峰は戦況について大本営発表をまともに信じていたと伝えられている。一九四五年八月一四日に、明日は天皇の玉音放送があると告知されると、蘇峰は天皇がいよいよ国民に決戦を呼びかけるのだと思い込んで、家人に赤飯を炊かせた。このとき蘇峰は八三歳であった。戦後は戦犯容疑者に指名された。驚くべきことに戦後も蘇峰の執筆活動はつづけられた。それは九五歳で他界するまで途絶えることがなかった。

中国の変貌

蘇峰が陸軍製のレンズで世界情勢を見るようになっていたまさにそのとき、国際政治のあり方そのものに地殻変動が起ころうとしていた。つまり蘇峰が頼っていた世界地図の見方そのものが時代に合わなくなろうとしていたのである。

まず中国であるが、日清戦争後、いよいよ中国は列強が本格的に利権を争う舞台になった。その反面、日中関係は辛亥革命（一九一一年）のころまで、必ずしも悪いわけではなかった。清国では日本に学ぼうという機運が生まれて、のちに指導的な立場になる多くの中国人が来日した。だがその両国の関係は一九一五年の対華二一カ条要求がきっかけとなって決定的に悪化した。二一カ条要求をめぐる外交交渉は当然のことながら、きわめて紛糾し、そして中国ではナショナリズムがわき上がった。袁世凱政権が要求を受諾した五月九日は国恥記念日とされた。

日本の対中政策は各地の軍閥を支援したりして混乱した。ナショナリズムの勃興についての認識も不十分きわまりなかった。軍閥も外務省も政党も、日本の政治指導層は中国情勢を読み誤ったのである。マスコミも同断だった。

欧米列強はどうだったかというと、秘密にされていた五号要求を知るまでは日本の要求を容認する方向だった。そして中国に最大の利権を持っていたのはイギリスであり、フランス、ロシア、ドイツも権益を持っていた。みな帝国主義から脱却していなかった。そもそも中国ナショナリズムの矛先は真っ先にイギリスに向かっておかしくなかった。それなのに、二一カ条要求をきっかけに日本が正面の敵になってしまった。一方、日本国内の世論は強硬そのものだった。どっちみち中国は日本のいいなりになる、だから容赦することはないという思い上がった認識が、政界にも、軍にも、マスコミにも広がっていたのである。

辛亥革命後、中国では中華民国が誕生して、袁世凱が臨時大総統の座についた。だが袁世凱は一九一五年に死去する。そしてそれ以後、中国は軍閥割拠の状態になる。中国はドイツに宣戦布告して、第一次大戦の戦勝国となり、国際連盟の発足時の加盟国になった。そのため北清事変で負わされた巨額の賠償責任をいくぶんかでも軽減することができた。最大の賠償金を払わなければならなかったドイツに勝利したわけである。ドイツとはそれまでの不平等条約を破棄して、対等な条約を結んだ。

転換期の国際政治

欧米諸国は帝国主義から脱却し切れていなかったが、しかし帝国主義時代に別れを告げる半歩を踏み出そうとしていた。そして遅れてきた帝国主義国である日本はその流れに乗ろうとしなかった。

イギリスがインドを植民地にするなど、帝国主義の時代には世界分割が進んだが、第一次世界大戦のころには植民地支配から得られる利益が必ずしも投資に見合わないことがはっきりしてきていた。

そこで清朝滅亡以来、中国全土を支配する統一政権が消滅しても、列強は争って中国分割に乗り出すのではなく、領土保全で協調する道を選んだ。しかし台湾と朝鮮を獲得して日が浅かった日本には、領土拡張についての思考を再検討する余裕もなかったし、列強の姿勢の変化に十分対応する準備もなかった。

こういう時代であればこそ、最も国際情勢を深く認識するのは軍人でなければならない。戦国時代の武将なら、何をおいてもまず国際社会の動きにアンテナを立て、強国の動静を観察し、その軍事力と外交政策を分析し、日本の進むべき道を慎重に模索していただろう。そして、戦国時代には必要なかったが、世論を無視することができなくなっていたから、世論を適切な方向に導くために、注意深く情報を提供しただろう。

もちろん国内の政治家も国際情勢を冷静に観察しなければならなかった。帝国主義の本国であるイギリスにも、貿易を重視するマンチェスター学派は早くから植民地を領有することの経済的負担を問題としていたし、自由党にはグラッドストーンやロイド＝ジョージなど小英国主義をとなえる有力政治家がいたのである。日本ではそういう政治家や官僚は皆無に近かった。

清国をロシア側に追いやり、中国分割を引き起こしたという面で、日本外交はかならずしも賢明ではなかったというべきかもしれないが、何しろ明治維新後やっと数十年経過したばかりの非西欧の新興国である。日本に老練な外交を期待するのは無理だったのであろう。日本には清国・韓国と連携して欧米列強に対抗するという大アジア主義の選択肢もあったが、肝心の清国にも韓国にも日本に対する根深い猜疑心と敵愾心がわだかまっていた。とにかく戦争はただ勝てば良いというものではなかったのである。

第一次世界大戦後の政治・外交

第一次世界大戦後、国際環境が大きく変わったとき、日本がその変化についていけなかったのは、この章のはじめに述べたような自由民権の弱さと大いに関係があった。

第一次世界大戦で、日本は日清日露に続いて三たび戦勝国となった。しかしにもかかわらず、あるいはそれゆえに、戦後の日本の舵取りは難しくなった。その理由には内部的な要因と外部的な要因があった。

外部的な要因は国際情勢が激変したことである。第一に、帝国主義の時代が幕を閉じようとしていた。パリ講和会議に先だって、ウィルソン・アメリカ大統領は、民族自決、秘密外交の撤廃、国際連盟の設立をふくむ一四カ条を公表していた。ウィルソンの新外交は、旧外交に則る英仏などの帝国主義国のリーダーにはいとわしい存在だった。結局、一九一九年六月に署名されたヴェルサイユ条約ではドイツに巨額の賠償が負わされた。

第一次世界大戦後の国際政治は大きく様変わりした。アメリカの提唱で国際連盟が誕生した。しかしそのアメリカは国際連盟に加盟しなかった。大戦中の一九一七年にロシア革命が起こったが、歴史上はじめて誕生した社会主義国であるソビエト・ロシアも連盟に参加しなかった。東アジアでは中国にナショナリズムが勃興した。ウィルソンが提唱した民族自決は中国の人びとを勇気づけたのである。中国は戦勝国であったが、得たものはドイツとの不平等条約の改正のほかはほとんどなかった。しかも日本に押しつけられた二一カ条要求について列強は中国の言い分に耳をかたむけなかった。

第一次世界大戦は各国の内政にも大きな影響を与えた。それまでマイナスのシンボルだったデモクラシーは、戦後、プラスのシンボルに変わった。中央・東ヨーロッパに君臨していた三つの帝国は姿を消し、ひとつは史上最も民主的な憲法をもつ共和国になり（ドイツ）、ひとつはふたつの民族国家に分解し（オーストリア＝ハンガリー）、もうひとつは史上初の社会主義国に生まれ変わった（ロシア）。

帝国主義時代の旧外交は崩れ始めたが、新外交はそれに取って代わるほどの発展はしなかった。第一次世界大戦と第二次世界大戦の戦間期は、旧外交と新外交がせめぎ合う過渡期の時代だった。一九二二年、東アジアの新秩序を定めるワシントン体制が成立した。第一次世界大戦で、日本は五大国のひとつに数えられるようになったが、いまや強大な影響力を持つようになったアメリカが、日本に対する不信感をあらわにするようになっていた。こうして対米協調を重視するか否か、中国ナショナリズムにどう対応するかなど、これまでにない問題が浮上した。それは第一次世界大戦後に浮上した民族自決と民主主義というふたつの原理に対してどう向き合うかという問題と密接に絡んでいた。

日本はアメリカの新外交と中国のナショナリズムにはさまれて、幣原喜重郎に代表される経済重視の協調外交と田中義一に代表される帝国主義的な積極外交の間を揺れ動いた。協調外交といっても幣原は中国に関税自主権を認めるどころか、関税率の引き下げさえ認めないという強硬さだったし、協調外交は米英との協調であって、中国との協調ではなかった。田中は中国の内政に手を突っ込んでさまざまな策を弄した。

内部的な要因は、国際社会をどのようにとらえるかについてしっかりした認識と思想が育たなかったこと、とくにそれは軍部においてはなはだしかったこと、政党においても然りだったこと、それは新聞や世論においても顕著だったことにあった。

たびたび戦国大名を引き合いに出して気がひけるが、国際社会の中で国の舵取りをすることは、戦国大名の領国経営に似ている。内は領民の暮らしを安定させて人心を収攬し、富国強兵に励み、外は合従連衡の策をめぐらせる。外交は多様なものの調和をめざす活動であり、戦争と違って百戦百勝が最善だというわけではない。徹底的に敵を打ち負かしてしまうと、第三国の干渉を招く危険が大いにある。あまり露骨に領土的野心を見せれば、他の列強は猜疑心にとらわれる。それは賢明なことではない。なるべく味方を多くして安全をはかることが大切であり、妥協やかけ引きによって、五五勝四五敗くらいの成績で満足するのが外交の要諦というものである。それを考えると徳富蘇峰のように日本は孤独な旅ガラスであり、領土拡張にかける以外進む道はない、植民地経営は武断的におこなうに限ると考えるのがいかに愚かで危険な独りよがりかわかるだろう。

だれよりも軍人こそが戦国大名のような発想に立たなければならなかった。だが事実は、軍人の発想が最も危険だった。戦争は命のやりとりだから軍人は百戦百勝をめざす。そこまではよい。しかし勝てばそのために費やした生命や国費に見合う以上のものを敗者から奪い取ろうとする。満州事変で日本軍が快進撃したとき、民衆は沸き上がった。満州は日清、日露、そして満州事変と三たび戦火を交え、「一〇万の英霊、二〇億の国帑」で贖った土地だといわれた。戦争で勝った以上、それに見合うものをむしりとるのは当然だという考え方である。軍はこういう考えにこりかたまっていた。

満州事変は現地軍の暴走から始まったが、一九三〇年代までに、陸軍には領土拡張を至上命題とする思考様式が牢固として根をはっていた。戦争は起こる可能性が高いから、必ずそれに備えなければならないという考えは明治以来、軍部に深く根づいていた。それが一九二〇年代になると、仮想敵国とするアメリカやソ連と比べて、日本は国土も狭いし資源も乏しい、だから領土を拡張して豊かな資源を手に入れなければならない、と考えるまでになっていた。そして列強間の勢力均衡を無視した大陸進出政策を模索するようになり、そういう思想が日本を破滅に導いていくことになる。

植民地支配について

ここで少しだけ植民地支配について述べておきたい。

帝国日本は、第一次世界大戦までに、台湾、樺太の南半分、朝鮮半島を植民地とし、一九三二年に、中国東北部の満州国を誕生させた。満州国は中国から独立したことになっていたが、それは形式的なことで、実際には日本が支配していた。

植民地支配は帝国主義国がおこなったことであるが、そのかたちは非常に多様だった。日本の植民地支配が特別に残酷だったとか、宥和的だったとかということはない。多くの植民地で恐ろしく残酷な行為がおこなわれたし、創氏改名に似たようなこともおこなわれた。狩猟と称して国王が楽しみのために、植民地の人民を銃で殺害することさえおこなわれたのである。そのことを考えると、すべての旧帝国主義国はどれだけ反省しても足りないくらいである。しかし第一次世界大戦後になっても、植民地支配に対する疑問の声が国内であまりおこらなかったことは、日本の特殊現象だったかもしれない。

一九一八年、第一次世界大戦中にウィルソン・アメリカ大統領が一四カ条の中に民族自決を提唱した。そして実際にオーストリア＝ハンガリー帝国が分解するなど、民族自決の機運が大きく盛り上がった。その影響は大きく、東アジアでも、一九一九年、朝鮮で三・一運動が、そして中国で五・四運動が起こった。三月一日ソウルで三三人の宗教指導者がつどい、崔南善（チェ・ナムソン）が書いた独立宣言書が読み上げられた。そして数万人の学生・市民が独立万歳を叫びながら市内を行進した（万歳事件）。独立宣言書は天道教とキリスト教の組織を通じて全国に配布され、運動は全国に広がった。

ちなみに崔南善は植民地時代初期のいわゆる開化期に活躍した文学者、ジャーナリスト、実業家である。早稲田大学に学び、帰国後、出版社を起こした。雑誌『少年』や『青年』を創刊して、新体詩を広め、日本の短歌や俳句にあたる時調（シジョ）や短編小説を掲載して朝鮮の文学に多大の影響を与えた。『青年』は一九一四年に創刊された。三・一運動のころには朝鮮人が出しているほとんど唯一の雑誌だった。『青年』は文学雑誌のように見えるが、崔南善のこころざしは文学にあったのではない。言論の自由がないから、必然的に文芸誌の性格が濃くなったのである。印刷する前に原稿の段階で検閲を受ける。すると検閲係は発行期日などお構いなしにいつまでも検閲してくれない、といった状態だった[7]。

余談になるが、崔南善の政治とのかかわり方は、日本でいえば菊池寛に似ているといえるかもしれない。崔南善は独立宣言を書いて逮捕されたが、のちに満州の建国大学教授となった。そのことでいまでは親日派として糾弾されている。菊池寛も崔南善と同じように文学者であるとともに、文藝春秋社を起こした実業家でもあった。一九三〇年代には自由主義者としてしばしば軍部を批判したが、戦時色が濃くなるにつれてじょじょに国策に協力するようになる。そして戦後は公職追放になった。菊池にとって公職追放は実に心外だったが、戦後の崔南善は菊池よりはるかに理不尽な苦難に襲われたのであった。

陸軍の武断的な朝鮮統治に大きな問題があったことは明らかだった。ちょうど前年九月に原敬内閣が成立しており、原はこれを機に一九年八月に朝鮮総督を更迭した。これまで朝鮮総督は陸軍大将のポストだったが、はじめて海軍の齋藤實大将をすえたのである。齋藤實は文化政治をかかげて改革に取り組むことになる。またこれまで朝鮮総督と台湾総督は現役の大将か中将でなければならなかったが、この制度を改正して台湾総督には官僚の田健治郎をすえた。

3 石橋湛山と吉野作造

先見の明と現実主義と

一九二〇年代に最も先見の明に満ちた議論を主張し、または最も現実的な選択肢をかかげて、帝国主義に真っ向から対立したのはだれか。わたしの思うには、前者においては石橋湛山、後者においては吉野作造に指を折らなければならない。

帝国主義に対して最も明快な批判をくわえたのはおそらく石橋湛山だったであろう。一九二一年、石橋湛山は『東洋経済新報』に「大日本主義の幻想」を書いて、はっきりと植民地放棄を主張した。植民地支配は収支つぐなわないことを数字をあげて証明し、移民政策は愚策であると断じ、また国防のうえからも植民地を持たないほうが安全であると、理路整然と論じたのである。なお湛山が所属した『東洋経済新報』は、一九一〇年ごろから、主幹の植松考昭が植民地不要論を主張していたし、植松のあとを継いだ三浦銕太郎が植民地放棄を主張していた。湛山の主張は『東洋経済新報』の社論だったのである。

戦後のめざましい経済発展を考えると、湛山の思想が正しかったことが証明されているといえる。敗戦で日本は海外の領土をすべて失い、国土は焦土と化したが、またたくまに経済大国にのし上がった。戦前の国策とされ、多数の識者が口をそろえて語った、アメリカは広大な国土を持っているが、日本は狭小である、したがってアメリカと並び立つためには広大な植民地が必要であるという主張が、何の根拠もない妄説であったことが、明らかになった。

石橋湛山は戦後、政界入りする。一九四六年四月の戦後初の総選挙に立候補して落選した。しかし同年五月に成立した第一次吉田茂内閣で議席を持たないまま大蔵大臣に就任した。占領下でありながら湛山は占領軍の政策に抵抗し、おそらくそのために四七年の総選挙で当選しながら公職追放になった。そして、のち一九五六年に首相になった。一九二〇年代から植民地放棄と富国軽軍備を主張し、戦後日本の再出発に向けて考え方の基礎をつくり上げた湛山であった。湛山は『東洋経済新報』という弱小の媒体に拠りながら、戦後は政治家に転身して総理大臣になった。戦前、一九一〇年代からぶれることなく少数派の思想を主張しつづけていながら、なおかつすぐれたリーダーシップにめぐまれていたのである。

早くから小日本主義と対米協調を主張し、戦前は権力にとても手の届きそうもない少数派に属していた湛山が、戦後、政界入りするやたちまち大蔵大臣に就任し、しかも鳩山自由党から自由民主党へと党幹部として辣腕をふるったことは不思議に思えるほどである。ここでは深く立ち入らないが、戦前に対米協調を主張していた湛山が、戦後は中華人民共和国やソビエト連邦との国交回復を主張し、アメリカの怒りを買っていたことは注目しなければならない。

明治維新以来、日本の外交政策の基本は世界の大勢に適応するということだった。一八九〇年代からは帝国主義への適応をめざし、それにひとまず成功した。第一次世界大戦後、一九四五年八月一五日までは、帝国主義にしがみつきつづけたあげく破綻した。戦後は西側陣営の盟主になったアメリカがつくる国際秩序に適応した。五六年一二月の自民党総裁選で石橋湛山と戦った岸信介は、対米追従を主張していたが、日米開戦時には東条内閣の閣僚だったのである。日本外交は世界の大勢への適応を基調としてきた。それに対して石橋湛山は自己の理念に忠実に行動するタイプの政治家だったのである。

湛山と同じように、徹底した自由主義と国際協調を主張した外交評論家に清沢洌（きよし）（一八九〇～一九四五）がいる。清沢洌は一七歳のときにアメリカに渡り、働きながら苦学した。清沢は帰国後、数少ない国際派のジャーナリストとして活躍するが、軍部ににらまれてじょじょに執筆活動がままならなくなる。執筆の機会が奪われて、日米開戦が始まると清沢はひそかに日記を書きつづけた。そこには軍部や日本主義者を激しく批判することばと同時に、庶民が戦争を理由にこれまでのうっぷんをはらそうとするかのような行動にはしるのを「下剋上」ととらえることばが書き込まれていた。ファシズムに取り囲まれた自由主義者の憤りと絶望が、なまなましいかたちで表現されている。日記はのちに

『暗黒日記』として公刊されることになる。

湛山ははっきり植民地放棄と平和を主張して、真っ向から国策を批判した。ただし湛山が拠点としたのは『東洋経済新報』であり、『東洋経済新報』の影響力はそれほど大きくなかった。同誌は経済雑誌という性格が強く、当局の圧力も大新聞に対するのとはずいぶん差があった。

これにくらべると吉野作造の影響力ははるかに大きかった。吉野は東京帝大の教授であり、一九二二年に東大を離れて朝日新聞社に移ったが、朝日新聞社もまた影響力の大きな言論機関であった。だから吉野の文章は、いろいろな方面に気を配って書かれている。その主張も石橋にくらべたら生ぬるいといわざるを得ない。しかし、それだけ現実的だった。現実的だったということは主張が変わったということでもある。一九一五年には対華二一カ条要求を肯定したかと思えば、一九一九年には三・一運動や五・四運動に深い理解を示し、植民地支配のあり方をきびしく批判した。だがそうかと思えば、満州事変後は既成事実を追認するかのような文章を書いている。そもそも民本主義も国民主権とはいわなかったのである。だから民主主義ではなく民本主義ということばをつかったのであった。そういう言論人としてのブレや妥協性は批判されてきた。

しかしそれは非難すべき欠点ではない。状況の変化を的確に判断し、大胆な政策転換をおそれない。そのような態度は、外務官僚と軍人にこそ不可欠だったのである。彼らの間に吉野のような考え方の人物が何人もいなければならなかった。

石橋湛山の「大日本主義の幻想」

「大日本主義の幻想」によって石橋湛山の思想を紹介しておこう。「朝鮮台湾樺太を捨てる覚悟をしろ、支那や、シベリヤに対する干渉は、勿論やめろ」。「大日本主義の幻想」はそういう書き出しで始まる。そして、こんなことをいうと、反論されるだろう、といって二点あげている。第一は、海外の領土をしっかり押さえておかなければ、経済的にも国防のうえでも自立することができない、という主張である。そして第二は、列強はみな植民地を持っている。そうでなければアメリカのように広大な国土を有している。だから豊かな資源を持っている。だから日本だけ植民地を持つなというのは不公平である、という主張である。

第一の点について、湛山は一九二〇年の貿易高の数字をあげて、朝鮮・台湾・関東州と内地との移出入高はわずかに九億円あまりに過ぎない。これに対してアメリカとの輸出入総額は一四億円超、インドと六億円弱、イギリスと三億三〇〇〇万円である。経済的自立というなら、アメリカ、インド、イギリスこそ、経済的自立に欠くべからざる存在なのである、と反駁している。それに産業上重要な物資も、最も重要な原料である綿花はアメリカとインドから輸入している。米は仏領インドシナとタイから来ている。その他、石炭も、石油も、鉄も、羊毛もみな、ほとんどが朝鮮・台湾・関東州以外のところから来ている。

中国とシベリアに対する干渉政策が経済的に非常に不利益を生じていることは、論じるまでもない。中国国民とロシア国民の反感を買っていることが、いかに大きな経済的損失をきたしているか。干渉政策をつづければ多少の一時的利益は得られるかもしれない。しかし長期的な逸失利益にくらべたら微々たるものである。それは一九一〇年から一九二〇年までの一〇年間の対中貿易高と対米貿易高の伸びを比較すれば一目瞭然である。この時期に対中貿易高は一億六〇〇〇万円弱から、六億三〇〇〇万円弱になったのに対して、同時期の対米貿易高は二億円弱から一四億四〇〇〇万円弱にまで伸びたのである。また中国の石炭や鉄を手に入れようと大騒ぎしているが、実際の輸入額は実に些少である。たったこれだけのものを手に入れるのに利権を獲得しなければならないいわれはない。

次に軍備についてはどうかというと、軍備が必要なのは他国に侵略される危険があるか、他国を侵略しようとする意図があるか、どちらかの場合である。政治家に聞いても軍人に聞いても新聞記者に聞いても、わが国に他国を侵略する意図はないという。では他国の侵略に備えて軍備を拡張しようとしているわけである。それならば聞きたいが、他国はわが国のどこを侵略しようとしているのか。結局それはわが国の海外領土である。前はロシアが、いまはアメリカがわが国に敵対しているというが、戦争がおこるとすれば、中国なりシベリアなりの土地をめぐって戦争が起こるのである。

それならば、たいした利益も上がらない植民地は放棄して、軍備にお金をかけないのが最も賢明である。そうすれば平和にもなり、また経済も発展するであろう。

石橋湛山は大略以上のような主張をしたのであった。

「大日本主義の幻想」は一九二一年に発表された。湛山はその前年に、「日米衝突の危険」を書き、このままでは将来日米が軍事衝突を起こさないとも限らないと警告した。日米は経済的には強く結びついている。しかし両国の関係に中国を差しはさむと、とたんに両国関係は波立ってくる。第一次世界大戦中、日本は中国に対してきわめて露骨な帝国主義的行動をとった。これが中国の対日感情を非常に悪化させた。だから講和会議で中国は日本をきびしく批判し、国内では排日運動がますます盛んになっている。この排日運動の性格を見誤ってはいけない。それは幕末にさかんに「排外攘夷」の運動がおこなわれたのと同じものだ。それは統一国家をつくる運動と見るべきである。アメリカは口では門戸開放をとなえているが、かねて中国に帝国主義的野心を抱いていた。中国の排日運動の支援者としてふるまえば、中国で経済的利益を得る絶好の機会となる。「もし一朝、日支の間に、いよいよ火蓋が切られる時は、米国は日本を第二のドイツとなし、人類の平和を攪乱する極東の軍国主義を打ち倒さねばならぬと、公然宣言して、日本討伐軍を起こし来りはせぬか」(8)。石橋湛山の先見の明がうかがわれる文章である。

吉野作造の中国朝鮮論と自由民権

一九二〇年代に最も洞察力豊かで、かつ現実的な外交思想を展開したのは吉野作造であった。吉野作造は民族自決の意味を深いところから理解し、それを踏まえて第一次世界大戦後の外交や植民地支配のあり方を論じた。民本主義論をとなえたことで知られている吉野作造であるが、民本主義論もさることながら、吉野の真骨頂は一九一九年ごろの中国朝鮮論にこそあらわれているといっていい。というか中国朝鮮論に照らしてはじめて、吉野の政治思想の全貌が見えてくるのである。

吉野は植民地放棄論をとなえたわけではない。それは民本主義において国民主権をとなえたわけではないのと同様である。吉野が主張したのは、まちの至るところで憲兵が目を光らせているような植民地統治は間違っているということであり、民族の自尊心を傷つけてはならないということであり、ひとりひとりの人生に公平な機会を与えるべきだということであった。この最後の点がたいへん重要であるが、民本主義論では十分に主張されていなかったことだった。この点についてはおいおい述べることにしよう。

一九一九年三月、万歳事件（三・一運動）が起こった。それから三カ月後、吉野は黎明会主催の講演会で「朝鮮統治の改革に関する最小限度の要求」と題して講演し、政府に対して四つの要求をしている。その四つとは、差別待遇の撤廃、武人政治の廃止、同化政策の放棄、言論の自由であった(9)。植民地の人びとの民族意識を大切にし、将来に希望を持たせ、本国（日本）の政治に憧憬の気持ちを抱かせる。そうしてこそ植民地統治は安定し国力は発展するのだと吉野は考えた。

吉野の主張は三〇年ほど前に、矢野龍渓が『経国美談』で描いてみせた民主帝国の姿に似ているといっていいだろう。古代ギリシアのセーベ（テーベ）は、民主政治を打ち立てることによって、国民の国を守る気概を大いに高めた。そして強大な軍事力をたくわえた。さらにセーベの民主政治はギリシアの他の都市国家の人びとにとってあこがれと尊敬の的になった。それゆえセーベはスパルタを破り、ギリシアの覇者となることができた。吉野もまた矢野と同じことを論じている。朝鮮の人びとが日本にあこがれと信頼の気持ちを持つようにすることこそが、日本の発展の基礎なのだというのである。

「満韓を視察して」は『中央公論』一九一六年六月号に掲載された評論で、吉野は武断的な統治政策と同化政策を批判し、民族の自尊心を尊重し政治的自治を認めるべきだと主張した。その中で吉野は、一九世紀以後の植民地支配の歴史から、欧米では民族の同化は不可能ではないかと考えられるようになってきている、インドでもエジプトでも、イギリスは工夫を凝らしているのに独立の風潮はさかんになるばかりだ、フィリピンでもあれほどアメリカが広汎な自由を与えているのに独立を求める声はいっこうにおさまらない。要するに、「異民族を統治してこれより十分の心服を得るという事は、全然不可能でないとしても、非常に困難なものである」と述べている。そして「したがって予一個の考としては、異民族統治の理想はその民族としての独立を尊重し、かつその独立の完成によりて結局は政治的の自治を与うるを方針とするに在りと云いたい[10]」と述べている。

一九一六年は吉野作造が民本主義をかかげた年だった。『中央公論』一月号に「憲政の本義を説いて其有終の美を済すの途を論ず」で、吉野は立憲政治のあり方を詳細に説き、民本主義をとなえた。そして同じ年の同誌六月号で、今度は朝鮮統治の批判を通じて植民地主義は本来放棄すべきことを論じたわけである。民本主義を論じるとき、吉野は立憲政治が進む方向は「世界の大勢」だとして、必ずしも自由平等や人権から立憲主義を導き出そうとはしなかった。だが今度は人間性の本質を根拠にして植民地統治を否定したのであった。

吉野は「自由」を考察の根底にすえた。吉野は、どんなに虐政に苦しんでいたとしても、外国の支配を受けたら自尊心を砕かれてしまうものだ。それほど自由は大切なものなのであると書いている。そして何と、浦島太郎を引き合いに出している。「金殿玉楼の中に山海の珍味を以て傅かれた浦島太郎でも、久しからずして一竿の風月に一生を托した質朴なる昔の生活に憧れたではないか[11]」。それほど人類に自由の本能は強力なのだ、と。三〇年ほど前に起こった自由民権の精神が、受け継がれているのである。

実をいうと、吉野作造が示したこのような認識こそは、軍部と外務省に絶対不可欠な認識だった。民本主義をとなえたこととあわせて、吉野は自由民権の理念による政治外交のあり方を説得力豊かに示した数少ない論客のひとりだった。そういえば矢野龍渓は自由民権の理念をかかげた重要な思想家のひとりだったのである。しかし軍部は吉野の主張を理解する耳も力も持たなかった。軍部の思想はまったくあべこべだった。彼らは、国に対する忠誠心を持つとは、国のために死ぬことができるかどうかということである、国のために自己犠牲を厭わないことである。そのような忠君愛国の思想を植民地人が容易に持てるはずがない。だから植民地人を信頼することなどできないし、差別待遇のほかない。日本人と同じ処遇を与えるには、よほど徹底的な同化が必要であり、そのために有効なのは飴ではなく鞭である、と考えていた。吉野は朝鮮を旅したとき、寺内正毅総督に会って、朝鮮人に能力を発揮する機会を与えるべきだと話したことがあった。そのときの寺内は「いったい朝鮮人が、日本人と同じように月給を貰おうと思って騒ぐのはいけないのだからね、というようなことを言って居られました」と吉野は伝えている。[12]朝鮮総督はきわめて重要な政治的ポストで、朝鮮総督経験者の半数ほどが首相になっている。寺内もそのひとりであった。朝鮮統治のあり方は、実のところ、日本政治のあり方を反映しているのである。

三宅雪嶺がかつて『真善美日本人』で示した多様なものの調和は、具体的にどういうものなのか、雪嶺自身によっては示されなかった。それを示したのが、吉野作造だったといってもいいだろう。吉野が、民族の心を尊重すべきこと、武断的な支配は誤っていること、植民地人が自分の人生に希望を持てる社会をつくることなどを語ったのは、まさに多様性を尊重せよということであった。

公議輿論は桂園時代から原敬政友会内閣を経て、護憲三派内閣へと「憲政の常道」というかたちで現実化されたといっていいが、政党の議論の中身はしばしば貧寒だった。軍人や外交官の思想も新時代に背を向けていた。であるから吉野作造のような人材は、思想界ではなく、軍部と外務省と政党においてこそ必要不可欠だったのである。

民族自決はひとりひとりの生き方の問題

吉野作造の中国・朝鮮論でとくに注目すべきことは、民族自決をひとりひとりの人間の生き方の自由にかかわらせて論じているところである。わたしは形式的な政治的自由などより、結婚や職業選択や親子関係や思想信条など、さらには身なりやファッションや友人関係など、社会的な自由のほうがずっと重要だと考えている。もちろん社会的な自由を最終的に保障するのは政治的自由であろうが、だからといって社会的自由なき政治的自由にはあまり価値はないと思っている。

国民主権が認められていない社会で、ひとりひとりの人間の生き方を本当に重んじようとしたら、何といっても職業選択における不公平や差別をなくすこと、男女交際や結婚についての自由を認めること、さらには化粧やファッションや通俗小説を読んだりするのを束縛しないことなどが重要である。次章で述べるように、一九二〇年代の日本社会で起こったのは、まさしく後者のような変化だったのであり、それが大正デモクラシーの強固な根底をなしたのである。

吉野は男女交際や結婚に言及したわけではないし、ましてや化粧や通俗小説に言及したこともなかったが、植民地人であろうが、政治的自治の権利がなかろうが、国民主権でなかろうが、自由に生きる権利はあるのだと主張した。吉野は植民地支配のあり方を批判したが、植民地の独立までは主張しなかった。そのことが吉野の限界であったとよく批判される。民本主義論についても、国民主権をとなえなかったことが吉野の限界だったと批判される。しかしそうだろうか。おなじ人間としての能力と生き方の平等、ひとりひとりの人間の誇り、そして生き方の自由が実現するほうがもしかしたらもっと重要なことなのではないだろうか。たとえ植民地が独立したとしても、旧植民地人と旧宗主国の人びととの間に差別が残れば、それは独立の名にあたいする独立だろうか。実はそういう点でいうと、有名な「憲政の本義を説いて……」の論文はもの足りない。ひとりひとりの人間の生き方の自由について踏み込んで議論していないからである。ところが朝鮮統治や中国論ではその点がきちんと論じられているのである。

『中央公論』一九一六年六月号に掲載された「満韓を視察して」は朝鮮統治政策を真っ向から批判した論文である。当時、朝鮮統治を批判した議論はほとんど皆無だったから、吉野の論文は注目にあたいするものだった。その議論を見ると、まず朝鮮民族に対する具体的な差別の事例をあげて、それを論駁するというかたちをとっている。たとえば朝鮮民族は劣等だというものがいるが、それはただ知識が開けていないだけのことで、ペリー来航のころには日本人だって似たり寄ったりだった。「ただ一般の文化に触れて居ない今日の朝鮮人が著しく日本人に劣って居るからと言って、彼等を以て全然日本人とは別種な劣等民であるかの如くに断定するの論には、甚だ慊焉(けんえん)たるものがある[13]」と吉野は書いている。

さらに日本人の態度ははなはだ礼を欠くとして、吉野は、相当の地位にある朝鮮人の発言を日本人の微々たる小官吏が小馬鹿にしたような態度で頭から否定した例をあげている。「朝鮮に於ける日本人は、官民共に朝鮮人を軽蔑し、甚だしきは公開の席上などで、相当の地位にある朝鮮人の言う事を、側に居る微々たる日本の一小官吏などが、朝鮮人の言う事は何が信用が出来るものかという態度で、言下にこれを否定し、非常な侮蔑を与うるというようなことが珍しくない[14]」。

満州事変における吉野作造

吉野作造が最も輝いていたのは一九一九年であった。この年、朝鮮における三・一運動と中国の五・四運動に対して、吉野は民族自決と自治を深く掘りさげた見事な議論を展開した。それは現実主義的でもあった。軍部や外務省の体たらくを考えると、帝国主義日本の国際戦略を組み立てるための地位に吉野のような考え方の人材こそ必須だったといわねばならない。

その後も吉野は主として『中央公論』を舞台に、論壇の最前線で政論を展開した。一九二三年の関東大震災で大勢の朝鮮人が虐殺されたときには、「世界の舞台に顔向け出来ぬほどの大恥辱[15]」といい、国民が事件に悔恨の気持ちを抱いていることをあらわすために何らかの具体策を講じなければならないと主張した。

しかし田中内閣の山東出兵を論じたころから、歯切れが悪くなっていくように見える。一九二六年、蔣介石が中国統一をめざして北伐を始めると、二七年に田中内閣が居留民保護を理由に出兵した。このとき吉野は国民党中心の統一に期待をかけつつ、他方で、満州の権益を維持するべきと主張した。さらに満州事変が起こると、新聞も国民も大きな喝采を送る中で、吉野は戸惑いがうかがわれる口調ながら、陸軍の軍事行動に疑義をとなえた。とはいえ「満蒙の如き、西伯利の如き、また濠洲の如き、人口に比して過分に広大な地積と資源と擁して而も門戸開放に肯んじない態度には、少なくとも徳義上の根拠がない」と主張し、「民族生存の必要に根底する帝国主義的進出には理論上いちおうの合理性はあるとすべきも、実際問題としては、その進出たるや、適当の域を越えたりとする第三者の批判を免れ得ぬ[16]」という論調であるから、限度内での満州進出は肯定しているのである。さらに『中央公論』一九三二年一月号に発表された「民族と階級と戦争」になると、前年に建国された満州国を認めるようになっている。

一九〇五年ごろに時論を書き始めてから、一九三三年に死去するまで、通観すると吉野の言論にはぶれがあった。晩年には満州国を認めてさえいる。それゆえ吉野は日本の侵略を認めたのだとしてきびしく批判する人もいる。しかしそういう批判は歴史の後知恵というものだろうと思う。吉野は民本主義をとなえるとき「世界の大勢」を根拠にかかげたが、満州国についても、当時の「世界の大勢」は必ずしも日本の行動を真っ向から否定するものではなかった。日本が国際連盟を脱退するきっかけとなったリットン報告書でさえ、全面的に日本を否定するものではなく、日本に対する相当の配慮がなされていたのである。そういう「世界の大勢」を睨んで、吉野は満州事変後の日本の国策を批判した。

「民族と階級と戦争」と題されたその論文は、あちこちが伏せ字になっていた。吉野は一貫して世界の大勢に目配りし、日本が道を踏みはずして世界を敵に回すようなことにならないように考えていたのである。それを時局に屈したというのは間違いである。

一九三一年から四五年にわたる長い戦争の時代はきびしい言論統制がおこなわれた時代だった。政治に発言する知識人は細心の注意を払わなければならなかった。うっかりしたことをいうと、思わぬ制裁を受けたから、奴隷のことばをあやつる知恵も必要だった。そのうえ一般国民がそもそも戦争に拍手喝采をおくっていたのである。一九三七年を過ぎると沈黙するか、抵抗するか、協力するかしか選択肢はなくなってしまう。

沈黙したからといって、その思想が深みを増したわけでもなかったし、協力したからといってその思想が後退したわけでもなかった。なぜなら戦争はいつまでも続くわけではなかったからである。一九三七年以後になると、日本の戦争政策の破綻は明らかになり始めたし、一九四一年一二月八日を過ぎると敗戦を見通すことのできた人も少なくなかっただろう。そうすると戦後を見すえながら、どういう行動をとるべきかそれぞれに判断しただろう。言論人ならば執筆禁止になって沈黙することが賢明だという判断もできただろうし、市川房枝や奥むめおのように、女性運動をひきいていたリーダーたちであれば、いくらか国策に協力して影響力を保持し、戦後の活動に期するという行動がいちばん賢明に思われただろう。そういう人びととの言動まで戦争責任をきびしく追及するのは適切でない。

体制内改革派は言論弾圧とどうたたかうか

松尾尊兊（たかよし）は『中国・朝鮮論』の解説で、吉野の言論人としての活動を高く評価しながらも、吉野の最後の中国・朝鮮論になった「民族と階級と戦争」が、満州国の存立を認めていることを批判し、このあともしも吉野が存命だったら、状況に追随する発言をしなかったとは言い切れないとして、「死が、当時民主主義者として存立するためには最小限度必要な沈黙を、吉野に強制したのであった」と述べている。松尾尊兊としては最大限に吉野を評価したのであろうが、わたしはこのような考え方には賛同できない。

言論には責任が伴う。それはその通りである。カール・シュミットがいうように、政治は最後の最後には命のやりとりになる。だからこの政権は絶対に倒さなければならないとか、この国家体制は革命によって打倒しなければならないということであれば、死を賭してたたかう覚悟が求められる。戦前の革命運動にはそれだけの覚悟が求められたし、だから獄中非転向を貫いた人たちが尊敬されたのは当然のことであった。しかし革命運動に身をささげた人たちは、その判断か思想のどちらかが間違っていたことは、いまでは明らかになっている。

吉野はそういうタイプの言論人ではなかった。吉野はいま現在の政治状況の中で、最善の選択は何かを、世界の大勢や日本の状況を踏まえて考え、政権を運用している権力者にも国民にも納得してもらえるような議論を組み立てた。条理を尽くして主張し、理想に向かって一歩でも半歩でも前進しようとする、そういう現実主義者だった。「民族と階級と戦争」が書かれた一九三二年の時点で、頭から満州国の存立を認めなかったら軍部だけでなく国民も納得しなかっただろう。だが国際連盟が満州国を認めないことも明らかだった。日本の行動と国際連盟の意思に妥協の余地はなかったとすれば、国際社会に絶対に受け入れられない行動をしてもいいのかと迫るのが最善ではないか。吉野の心事を想像すればそういうことになるだろう。

この論文は伏せ字だらけになっている。吉野が公表した文章で伏せ字が使われたのはこれがはじめてらしいが、読んでみると、吉野が日本の軍事行動を批判していることははっきり伝わってくる。伏せ字にされてしまったゆえんである。吉野は、日本の言い分は自分勝手な言い分で、世界には受け入れられないと論じている。そして「××××（軍事行動）を廃そうとすれば、帝国主義的進出を思いとどまらなければならぬ。どうしても自滅したくないと覚悟を決めて、ここにはじめて帝国主義の再吟味となる。我々は自家の生存の為に満州に権益を設定してわるいのか。これが今我々の直面せる緊急問題である」[17]。この文章は肯定否定のどちらにも読める。満州に権益を設定していいのか悪いのか、吉野の意図はこれだけからは読み取れない。吉野は「権益を設定してわるいのか」と書いているから、素直に読めば、「権益を設定して良いではないか」と主張しているように読める。しかしその前後の文脈を考慮に入れると、むしろ文意はその逆である。本当は「満州に権益を設定して良いのか」と、吉野ははっきり書きたかったのだと思われる。

吉野作造は一九三三年に他界した。反体制派ならともかく吉野はまがりなりにも美濃部達吉や和辻哲郎と同じように体制派だった。しかも吉野は美濃部や和辻と違って体制内改革派だった。国内国際の政治情勢を見すえながら、国家と社会を分けて考え、デモクラシーの理念にもとづいて日本の政治外交のあり方を論じた。稀有な力量だった。

もし吉野が日中戦争・日米戦争を生きのびていたら、おそらくある時点で沈黙したであろう。もう自分たちの力では止めることはできない。いきつくところまでいかなければ止まらないだろう。そう思ったら沈黙して、戦争が終わるのを待つ。そうして時期が来たら、もう一度世論に訴える活動をはじめる。戦争はいつまでも続くものではないのである。

吉野のような人物が軍部にも外務省にもいなかったことは、大日本帝国の致命的な欠損だった。

註

(1)『明治文学全集34　徳富蘇峰集』筑摩書房、一九七四年、三〇九ページ。
(2)『明治文学全集40　高山樗牛・齊藤野の人・姉崎嘲風・登張竹風集』筑摩書房、一九七〇年、三三ページ〜三四ページ。
(3)『近代日本思想大系31　明治思想集Ⅱ』筑摩書房、一九七七年、三九四ページ。
(4) 同右、三九六ページ。
(5)『近代日本思想大系8　徳富蘇峰集』筑摩書房、一九七八年、一六四ページ。
(6)『明治文学全集34　徳富蘇峰集』三〇八ページ。
(7) 吉野作造『中国・朝鮮論』松尾尊兊編、平凡社（東洋文庫）、一九七〇年、一八九ページ。
(8)『石橋湛山著作集3　大日本主義との闘争』東洋経済新報社、一九九六年、六二ページ。
(9) 吉野作造、前掲書、一九一ページ。
(10) 同右、六七ページ。
(11) 同右、六六ページ。
(12) 同右、一七二〜一七三ページ。
(13) 同右、五九ページ。
(14) 同右、五九ページ。
(15) 同右、二九九ページ。
(16) 同右、三三九ページ。
(17) 同右、三三八ページ。

第三章

大正デモクラシー——市民社会とアナーキズム

1　一九二〇年代の思想状況

今日に通じるアナーキストと女性の思想

いま一九二〇年代に書かれたものを読んでみると、アナーキストと女性の文章がわたしにはいちばんしっくり馴染む。高群逸枝、与謝野晶子、平塚らいてう、奥むめお、望月百合子、賀川豊彦、石川三四郎、大杉栄、新居格、西村伊作、小川未明、福田正夫、金子光晴、鑓田研一、渋谷定輔、加藤一夫、大宅壮一などの人びとである。これに有島武郎も加えたい。これらの人びとの中には、アナーキストといったときに、ただちに思い浮かばない名前もかなりまじっているが、その人たちも少なくとも一時期、アナーキズムにシンパシーを感じていた。非営利組織、工業文明批判、農と自然、自由、男女平等と自由恋愛、子どもなどなど、この人たちは一九〇〇年代までには見向きもされなかった問題を提起した人たちだった。

アナーキストは社会主義者をもって任じていたが、わたしには市民社会派というほうがよほどぴったりする。国家と市民社会をくらべて、市民社会についたのはアナーキストと何人かの女性を除けばプラグマティストだけだった。プラグマティストといっても戦前には田中王堂と石橋湛山くらいしか思い浮かばない。要するに実質的にはアナーキストが中心だったのである。国家主義者はもとより、政治家も軍人も、実業家も、そしてマルクス主義者も、市民社会より国家を重んじた。自由主義者も視線の向かう先は国家だった。石橋湛山も吉野作造も河合榮治郎も、国家に向かって議論したのである。

国家より市民社会を重んじたといえば真っ先に思い浮かぶのは福沢諭吉である。福沢の『通俗民権論』には実直に生きること、実学をおさめるべきこと、健康を大切にすべきことは書かれているが、民権という政治的概念を政治的に論じたところがほとんどないのは非常に印象的である。しかし福沢は一九〇一年にこの世を去っていた。福沢が生きた時代には国家と市民社会の乖離は論じるにあたいするほど離れていなかった。

国家と市民社会の乖離が目立たなかったというのは、どういうことか。具体的に説明すれば、いまでいう恋愛小説は一九一〇年代までは家庭小説と呼ばれたが、一九二〇年代からは通俗小説と呼ばれるようになるということである。家庭小説では独身男女の恋愛は許されざるおこないだった。妻はどんなに夫が非道でも、とことん夫につくすべきとされた。ところが一九二〇年代以後になると、愛情のない結婚は否定され、女性も仕事を持つことが肯定されるようになる。一八九八年、旧民法の家族法部分が制定された。そして家庭小説は家族法が模範とする夫婦道徳に忠実だった。家庭小説に登場する女性の主人公は夫に従順であり、献身的で、どんなにひどい目にあわされてもひとに対する害意をもたない。しかし通俗小説に登場するヒロインは自分の考えを持ち自己主張する。愛に忠実であり、自分の力で行動する。通俗小説では家族法がしばしば愛し合う男女に悲劇をもたらすことが描かれた。そして女性も仕事を持ち自立することがうたわれたのである。

要するに国家が推奨する家族のあり方と市民社会が理想とする家族のあり方が合致しなくなったのである。戸主の権限が大きかったことは一九二〇年代に問題とされた。一時家族法改正の機運は盛り上がったが、結局改正には至らなかった。国家と市民社会の乖離とは右に述べたようなことである。

アナーキズムと自由主義

アナーキストということばを、前項で述べたようなかたちで定義すると、アナーキズムと自由主義の区別が十分ではないといわれるかもしれない。吉野作造や河合榮治郎は明らかにアナーキストではない。しかし長谷川如是閑（にょぜかん）はどうか、山崎今朝弥（けさや）は、下中弥三郎は、辻潤や武林無想庵（むそうあん）は、ということになると収拾がつかなくなる。たしかにアナーキズムと自由主義の間に厳密な線を引くことはできない。日本語で自由主義というのとリベラルというのではニュアンスがかなり違うが、アナーキズムと自由主義は重ならないが、リベラルとアナーキズムとは重なるところが大きい。

一九二〇年代のアナーキズムと自由主義の間に線を引くことはそれほど難しいことではない。アナーキストは国家より市民社会を選ぶが、その市民社会の主流の秩序意識や価値観にも異をとなえる。それにアナーキストは文化や生活や恋愛や子育てにも言及する。

たしかに自由主義者らしい自由主義者は河合榮治郎のように国家より社会を重んじる。河合榮治郎は戦前最高の市民社会派だった。しかし河合榮治郎が学生向けに企画編集した『学生叢書』をみれば、河合がアナーキストでないことは明確である。河合が推奨したのは、すこぶる謹厳実直な教養主義なのである。河合榮治郎に、親の許しを得ない結婚をどう思うかとか、銀座を闊歩するモガ・モボ（モダンガール、モダンボーイの略）をどう思うかと尋ねたら、すぐに肯定的な返事は返ってこないだろう。同様のことが吉野作造にもいえる。長谷川如是閑も見事な自由主義者だったが、やはりアナーキストの要素は長谷川にはない。

いま一九三〇年代のアナーキズムと自由主義の間に線を引くことはそれほど難しくないと書いたばかりだが、それでもやはり重なる点が多いことは認めなければならないだろう。自由主義者として外交問題に対して深い洞察力を示した清沢洌（一八九〇〜一九四五）に、「モダーン・ガールの解剖」という評論がある。軽妙な語りぶりで、モダンガールを擁護しているエッセイである。長年の男専制の道徳に反対して生まれたのがモダンガールだ。年上の男は最近の若い女性は道徳的に退廃しているなどというが、道徳はとみに良くなってきている。昔は蓄妾の習慣が広くゆきわたっていたが、いまは妾を置けば世の中の指弾を浴びるようになったではないか。モダンガールというと性的にだらしない女と考えるのは、男専制の道徳がいかに歪んでいるか気がつかないからだ、と清沢はモダンガールのために弁じている。

同じく外交問題に先見の明を示した石橋湛山は、女性を家庭に縛りつけることを批判し女性の社会進出を支持した。大学時代、徹底個人主義をとなえる田中王堂に師事した湛山は、既存の市民社会秩序を明快に批判する視点をプラグマティズムから獲得していた。たとえば、女性が家庭で子育ての中心になっているのだから、女性は社会でも、もっと子どもの教育にかかわるべきだとした。一九二〇年代には、小学校の教員として働く女性もふえていた。竹田敏彦の『子は誰のもの』は一九三〇年代中ごろに書かれた小説であるが、主人公は小学校の先生で、職員会議の場面から始まっている。『子は誰のもの』は家父長制のしばりに苦しむ女性の問題が主題になっていて、夫婦の不平等はもとよりのこと、学校教育の現場でも男尊女卑がまかり通っていることが描かれている。では湛山はどう考えていたかというと、一九二四年に発表した「婦人を社会的に活動せしめよ」で、市町村の学務委員にも学校の保護者会にも女性に門戸を開くべきだと論じている。「法律上、戸主あるいは世帯主が父親であるからとて、実際に子女の教育に専念し得ざる者にこれを強いんとする。有名無実に終わるが当然である。而してかくの如きは、法律の改正も何も要求せず、各学校の教育者の考え一つで改め得る事柄である」[1]。石橋湛山には若いころ与謝野晶子の詩に感動した経験があり、のちには羽仁もと子や奥むめおを支援した。

国家より市民社会を大切にし、しかも市民生活のうえで窮屈な小市民的な秩序に従わず、自由にふるまう。市民社会は大切にするが、だからこそ支配的な道徳や価値観には批判がある。それがアナーキズムの特徴である。

高群逸枝は生殖と経済を社会組織の性格を決める基準とし、社会組織が経済を主として編成されるときは社会は豊かになるが人びとは自由でない、逆に社会組織が生殖を主として編成されるときは、社会は豊かでないが人びとは自由であると述べている。高群は生殖ということばで男女の対等な関係を意味しているのであるが、そのかなめが女性が性的自己決定権を持つことだった。いつセックスするか、妊娠するかしないか、女性が決定権を持つべきなのだと主張されたら、一九二〇年代の人びとはおいそれと賛成できなかっただろう。高群逸枝と仲が良かった平塚らいてうは年下の男性と事実婚に踏み切った。しかもそれを公にした。彼女の行動に眉をひそめた人も非常に多かった。このようにアナーキズムはたんに国家と社会を対比して社会の優位を主張するばかりでなく、社会そのものの自由化を主張するのである。

さらに右のような要素を並べていったら、マルクス主義との区別がつくのかという問題もある。理論的には民主集中制を組織原則とし暴力革命を不可避とするマルクス主義者と、貧しい人びとの自由な連合をとなえるアナーキストではめざす社会の理想もそこに至る路線もまったく違う。だからこそアナボル論争が起こり、マルクス主義者とアナーキストは袂を分かったのである。しかし両方とも社会主義である。しかも個々の人物の動きを追ってみると、まことに混線している。あるものはアナーキズムからマルクス主義に移った。さらにその後、戦時中は聖戦を賛美し、戦後は日本共産党の同伴者になったものもいる。さらにはその共産党を離党したものもいる。あるものはアナーキズムから離れたあと政治とのかかわりを絶ち文筆に専念した。平塚らいてうは日本共産党の同伴者のような立場に立ち、高群逸枝は政治から離れた。

こういう動きに照らして人びとを分類することも可能だが、わたしはそういう分類にはあまり関心がない。わたしがここで論じたいのは、個人の自由を大切にし、自由を抑圧する慣習や価値観に異議をとなえるという感覚を持つ人が、一九二〇年代このかた非常にふえているということなのである。そうしてそういう感覚の広がりをとらえようとすると、それを表現することばは、社会主義でも自由主義でも保守主義でも間に合わないということなのである。

貧富の格差をなくし、階級支配を打破しようとするところまでなら、マルクス主義者とアナーキストは手を握ることができる。しかしそこから一歩進めて、身近な人びとが当たり前と思っていることにも疑いを持つ。ジェンダーの縛りはおかしいとか、人目につくファッションで銀座を闊歩する若い男女を毛嫌いするべきではないとか、そういう地点まで出ると、難しい理論闘争に心血をそそいでいたマルクス主義者には出番がなくなる。マルクス主義者の中にも戸坂潤のような例外はいたが、戸坂潤が目先の流行現象の底に若者の自由の叫びを認めていたかどうかとなるとはなはだ疑わしい。戸坂は目先の流行を追う若者が資本主義のまきちらす虚偽意識に支配されているととらえていた。資本主義は人びとの欲望をもコントロールするというとらえ方である。

階級支配を打破し、市民社会の自由を確立するところまでなら、自由主義者とアナーキストは意見がかみ合う。しかしそこから進んで、恋愛や子育てやファッションやということになると、両者の足並みはそろわなくなる。

アナーキストが取り組んだ課題は文化的暴力。今日の平和研究と同じ

アナーキストが主張したのは、今日の平和研究者がとなえる「構造的暴力」と「文化的暴力」の問題だったと考えればわかりやすい。(2) そう考えると、女性の性的自己決定権を強く主張して、それを思想の根幹にすえた高群逸枝がアナーキストだった理由がよくわかるだろう。高群逸枝は今日のことばでいえばジェンダーの視点から社会をとらえた。ジェンダーは構造的暴力であり文化的暴力である。一九三〇年、高群逸枝は『婦人戦線』を創刊した。『婦人戦線』は女性のアナーキストが集まった無産婦人芸術連盟の機関誌で、高群は創刊号に「強権主義否定、男性清算、女性新生」の三つからなる巻頭のことばを書いている。(3)

たしかに構造的暴力や文化的暴力の概念は、前節で問題にした自由の感覚をあらわすのにぴったりする概念である。結婚するとき婚姻届を出すというのは国家の定めであるが、事実婚に踏み切る女性

を非難するのは市民社会の視線である。その視線が人びとを抑圧し疎外するとき、それは文化的暴力になる。アナーキストが国家の死滅をとなえるのは、同時に市民社会に存在する文化的暴力を根絶することを意味している。そして文化的暴力に対するたたかいは、実は革命運動なしであっても、革命戦略を運営する司令塔なしであっても、いくらでも可能なのである。

というより文化的暴力とのたたかいは、そもそも司令塔つきの革命運動とは両立しにくいというべきだろう。かつてマルクス主義者がしきりに口にしたプチブル性の清算や民主集中制やプロレットカルトの生成は、革命運動自身が独自の文化を生成するべきだという主張を意味したのであるが、いざつくろうとすると、それは既存のブルジョア文化よりもはるかに暴力的な文化的暴力を伴った。どういう文化的暴力が働いたかというと、たとえば、一九三二年、林房雄が『青年』を書いたとき、彼は転向はしたものの、まだマルクス主義者だった。そのころ求められた転向の条件は、思想そのものの放棄ではなく、実践活動からの離脱だったからである。だがかつて林とともにたたかっていた仲間たちは林に対して冷淡だった。いま読むと『青年』はなかなかの力作であるが、マルクス派の文芸評論家は口をきわめて酷評した。彼らの罵倒ぶりを読んでいると、どうしても文化的暴力ということばを連想してしまう。彼らの文化的暴力が林を日本主義の側に追いやったのではないかといいたくなるほどである。

文化的暴力をなくすのは、あれやこれやの思想ではなく、時代の雰囲気であるかもしれない。社会学のことばでいえば「構築」の力が文化的暴力をなくすのだということである。つまり文化的暴力をなくすたたかいに政治的な司令塔は必要ないのである。映画や流行歌や小説がそれぞれに、貧しい人たちに対する応援を訴え、恋愛の自由をとなえ、家長の横暴をならし、それらの声が大きな交響曲のようになったら、それは文化的暴力に対するいちばん強力なたたかいである。一九二〇年代には、そういう変化を促すさまざまな動きが起こった。新聞雑誌に連載される通俗小説では、かつてのように華族や金持ちの家庭ではなく、貧しい人たちの家庭が描かれるようになった。そしてそこに登場する主人公はしばしば主流の道徳に挑戦した。その先頭に立ったのは菊池寛や山本有三や川口松太郎であった。

思想と感性

さて時代の雰囲気と思想を切り分ける前に、わたしはもうしばらく、アナーキズムということばを定義なしに使いたいと思う。一九二〇年代後半から一九三〇年代はじめにかけて、雑誌にはプロレタリアとか階級とか資本主義といったことばが氾濫していた。しかもモガ・モボとかカフェとか銀座といったことばと、しょっちゅういっしょにつかわれていた。新感覚派と社会主義の結合といえばいいだろうか、社会主義は最先端の風俗とともに時代の風潮だったのである。

こういう風潮を代表するのが作家の片岡鉄兵（一八九四～一九四四）やジャーナリストの大宅壮一（一九〇〇～一九七〇）である。片岡鉄兵は一九一三年、川端康成、横光利一らと『文芸時代』創刊に参加し新感覚派の作家として頭角をあらわした。やがて左傾していくが、一九三〇年に第三次共産党事件で逮捕されたあとは通俗小説に転じる。『中央公論』一九二九年一〇月号に、片岡は「モダン日本とは」というエッセイを書いている。その一節「意気な渋好みは、手工業時代の超俗趣味である。

モダン的とはおよそこれらの物の反対だ。清貧に何のたのしみがあろう？　貧乏すれば社会から踏んだり蹴られたりするのだ。帝国主義日本がモダンな生活様式を国民に強いる。この段階にあって、享楽的頽廃風潮が、文化の花として燎爛と咲かなかったら不思議であろう」[4]。片岡鉄兵はモガ・モボが登場する新風俗をリバタリアンな感覚で持ち上げながら、その裏には資本主義の退廃があるとみている。

一九二〇年代には片岡のような感性と見方が広がっていた。片岡鉄兵の場合は、新感覚派からマルクス主義に、マルクス主義から国家主義にと、政治的な立場から見ればいかにも無節操な動きをしたが、大宅壮一の場合は、中学生時代に賀川豊彦に出会って心酔し、賀川を支えて活動もした。しかし思想的にはマルクス主義に傾倒し、一九三〇年代はじめには共産党のために行動した時期もあった。戦後、一九五五年に「無思想人宣言」を出すなど、イデオロギーを全面に押し出すことを嫌ったが、そのこと自体、思想に縛られないという意味をほのめかしていて、いかにも大宅壮一は自由人だった。「無思想人宣言」は、文化的暴力とたたかうという軽やかな宣言だった。

片岡鉄平は政治的に無節操な動きをしたし、大宅壮一は共産党から無思想へと動いた。ふたりとも政治思想（イデオロギー）に縛られなかった。だがそれは今日の目からいえば思想に縛られなかったという意味ではない。ふたりとも国家でなく市民社会を見ていたのである。既存の慣習や価値観にとらわれないこと、社会に対する皮膚感覚が、多数派の人びととは違っていること、つまり少数者であること、それがふたりの共通点だった。この章のはじめに、わたしはアナーキズムということばより市民社会派ということばをつかいたいくらいだと書いたが、この時期の市民社会思想を代表するのはアナーキズムである。市民社会を擁護しようとした人たちは、多かれ少なかれ体制派の慣習や価値観とは相容れなかったのである。国家と市民社会の遊離が起こっていたのである。

2　アナーキズムの広がり

狭い意味でのアナーキズムの衰退

狭い意味でのアナーキズムは一九三〇年代に軍国主義に足をさらわれて総崩れになる。石川三四郎など一部の人たちを除いて、こぞって戦争協力にはしったのである。日米戦争中にかつてのアナーキストが書いた文章は無惨で読んでいられない。本心だったのか奴隷のことばだったのか。もちろんとても本心だったとは思えないのだが、かれらをそこまではしらせたものが何であったかに思いをいたすと、ますます無惨な気持ちになるのである。

どうしてアナーキズムは総崩れになったのか。

第一に、日本のアナーキズムは国家権力からまったく誤解され、蛇蝎のごとく嫌われたあげくに無法に弾圧された。アナーキストの指導者は、大逆事件で幸徳秋水が、関東大震災で大杉栄が虐殺された（甘粕事件）。大逆事件はフレームアップであったし、甘粕事件は憲兵が不法に大杉と伊藤野枝とさらに大杉の六歳の甥までを殺害するという残虐きわまる権力犯罪だった。二度にわたってリーダーを失い、アナーキストは組織的に壊滅した。アナーキズムは国家権力が絶滅をねらう標的とされたのである。そのためテロにはしるおそろしい集団だという不当なイメージが広がり、のちのちまでつづいた。実際に古田大次郎、中浜哲らのギロチン社は、報復テロにはしった。アナーキストには命の危険があったので、転向したマルクス主義者と同じように、体制に忠誠である姿をことさら印象づけたいという動機が彼らを聖戦賛美に向かわせた。

第二に、マルクス主義と違って海外に彼らを力づける勢力が存在しなかった。ロシア革命はマルクス主義者の革命だった。そしてアナーキストは無惨に粛清されたのである。ロシア革命が成功したため、アナーキズムは実現可能性の低い思想と見られるようになった。もともと日本の社会主義にはアナーキストとマルクス主義のふたつの流れがあったが、ロシア革命以後はマルクス主義が優勢になった。何といっても現実に社会主義体制を生み出したことは、マルクス主義にとって大きな強みになった。その後長い間、日本の社会主義者はソビエト・ロシアの政治的現実に目をつぶり、世界の社会主義陣営の中でも異例に長い間ソ連型社会主義を賛美しつづけることになる。

実は、ソ連国内でむごたらしい粛清がおこなわれていることを知って、真っ先にソ連支持を撤回したのは大杉栄だった。その大杉が虐殺されたことは日本の社会主義にとって現実を直視する機会が閉ざされたことを意味しただけでなく、日本の政治そのものにとっても、取り返しのつかない過失だった。

そもそも社会主義とは何だろうか。もしも賀川豊彦や石川三四郎がとなえたように、協同組合という非営利組織（いまでいうＮＰＯ）が法人形態の主流になり、自動車会社も製鉄会社も商社も、多くの法人が非営利組織であるという状態が社会主義だとすれば、国家権力を奪取するためのいっきょ的な暴力革命はまったく不要になる。実際、アナーキストにはそのように行動したものも少なくない。だがアナーキストにはそういう理論が広く思想界で議論されるようにするだけの活動の余裕が与えられなかった。そしてアナーキストを自称する人も極端に少なくなった。わたしは高群逸枝ばかりでなく、平塚らいてうも奥むめおも、アナーキストの色彩が濃いと考えているが、三人ともその後半生には、自分をアナーキズムのリーダーとして位置づけることはなかった。

第三に、日本の国家社会体制は、国家が市民社会に対して上からのしかかるような構造になっていた。官尊民卑の風潮は広く深く長くいきわたった。明治国家がかかげた富国強兵殖産興業は国家主導型で進められた。戦前の帝大卒の初任給は私大卒の二倍にもなったし、叙勲も官が独占した。アナーキズムの主張に読者が納得できなかったとすれば、読者自身の側に国家優位の観念が染みこんでいたからという面もあった。

このことも国家に大きな責任があった。第二次桂内閣は日露戦争後の社会状況に過剰な危機感を抱いた。ロシアという世界有数の陸軍国とのたたかいに勝利したにもかかわらず、政府は国民を褒めたたえることもなかった。それどころか、危険思想が広がるのではないかという夢魔におびえ、大逆事件を起こした。思想善導に取り組み、地方改良運動に取り組んだ。また戊申詔書を出した。三宅雪嶺がそういう国家のふるまいを批判している。「第二桂内閣の時、何人の考案にや、危険思想といふ語の出で、……」と書いて、それにつづけて思想を取り締まれば、人びとは体制と秩序に従順になるかもしれない。しかしそれは下策である。長い目で見れば国民は活気を失い、国は衰微するであろう、と批判している。「強者に従ひ、泣く児と地頭に勝たれず、お上の御無理御尤として経過せば、能く秩序を維持するを得んも、唯だ秩序を維持するに止まり、少しの発展する所なく、遂に漸く衰微すべきに非ずや」[5]。

アナーキズムは危険思想か

国家はアナーキズムに危険思想の烙印を押した。もしも人びとがそれを認めなかったら、アナーキズムにはそれほど暗い影がつきまとわなかっただろうし、その思想はもっともっと広がったであろう。アナーキストはいちばん大正デモクラシーらしい性格を持っていたからである。

こう書いてもなかなか納得してもらえないかもしれない。それならば、次のように考えてみていただければいい。

アナーキズムの思想的特徴、たとえば自由の重視、非営利事業、農と自然といったテーマを取り上げてみる、そして自他ともに認める狭義のアナーキストとともに行動した人を並べる。そうしてもしもアナーキストに危険思想の烙印が押されなかったら、その人たちは自分をアナーキストと呼ぶだろうかと考えてみてほしい。実際、大杉栄を失ってから、アナーキストの多くは分散してしまう。マルクス主義に移ったものもいたし、国家主義者になったものもいた、政治から離れて流行作家になったものもいた。そういう人たちも、戦後は、共産党から社会党に移ったり、国家主義から社会主義に戻ったりした。そうしてそういう人たちの周囲には、彼らとずっと交友のあった人たちが大勢いたのである。

平凡社の創業者である下中弥三郎は社会運動の人だった。教員組合をつくったり、アナーキストの石川三四郎とともに農民自治会をつくったりした。戦時色が強くなると国家社会主義の政治活動に踏み込み、敗戦後は公職追放になる。その後、世界平和アピール七人委員会をつくった。振れ幅の大きい事業家であり運動家であったが、協同組合運動や農民運動など、アナーキズムの運動に強いシンパシーを示した。

アナーキストには、のびのびとした明るいモダンな雰囲気があった。そういう面を代表しているのは新居格（にいいたる）（一八八八～一九五一）であろう。新居格は新聞記者を経て評論家になった。一九二〇年代の風俗やモダニズム文学に造詣が深く、モガ・モボという流行語をつくったのは新居格だという説がある。お洒落でリズミカルな文章により、とらわれない目で世相を活写した。協同組合運動を始めたひとりであり、戦後は初代の杉並区長になった。新居格が書いた『月夜の喫煙』は一九二六年に解放社から出版された新居格の短編小説集である。小説というより身辺雑記のようなエッセイ集に近い内容であるが、登場人物の行動や考え方が気まぐれで、ものにこだわらない。その語り口が一九七〇年代の文章といくらも変わらないのである。

広い意味でのアナーキズムの広がり

アナーキストの思想には数々の発見があった。それは社会の自動調整機能の発見や、国家の死滅の発見にとどまらない。自由恋愛の発見、子どもの発見、民衆の発見、勤労の発見、自然の発見、非営利活動の発見などなど、今日われわれが当たり前のこととして受け入れているリベラルな価値をアナーキズムは発見した。アナーキズムだけが発見したというわけではもちろんないが、思想としてのアナーキズムはそれらの発見を相互につなぎ合わせることができた。それをつなぐものは、ひとことでいってリバタリアンな「自由」であった。自由民権運動が政治的な自由をかざしたとすれば、アナーキズムは社会的な偏見からの自由や窮屈な権威的序列からの自由を主張したのである。いわば今日の平和研究者がとなえる「構造的暴力」と「文化的暴力」の問題を、アナーキストは最初に問題にしたのである。

今日、われわれはそれをアナーキズムの思想とは見なさない。自然の発見は一八八〇年代には田園や宇宙といったことばによって表現されていたし、大正自由教育運動はアナーキストの運動ではない。ましてお洒落な洋装や生活改良や民芸運動といった文化現象がアナーキズムの生んだものだなどとはいえない。今日の平和研究者にガルトゥングが提起した構造的暴力や文化的暴力の概念はもともとアナーキストのものだったなどといったら、笑われるのが関の山だろう。しかし女の子のお洒落なファッションや民芸や童心主義の童話や自由教育やといった現象に共通する底流は明らかに存在する。それは国家統制からの離脱であり、伝統的習慣や通念との訣別であり、個性の主張であり、リバタリアンな自由なのである。

そして、そういう底流を思想的に代表するものは何だったかといえば、それは人格主義でも民本主義でもない。人格主義は脱俗的で高尚な教養主義であるし、営利事業はじめ世俗的な活動にシンパシーを持っていなかった。民本主義には国家と社会をつなごうとする意思は強いが、あくまでも国家に向かって語ったのであって市民社会の自律性を主張したわけではなかった。吉野作造は自由民権の理念を実に見事に論じたが、吉野が朝鮮統治を批判するときも中国のナショナリズムを評価するときも、民本主義を説くときも、田園生活や自由恋愛や子どもの感受性を意識していたわけではない。

ファッションや民芸まで自分たちのものとして目配りしたのは、やはりアナーキズムなのである。

子どもの教育を例にとって考えてみよう。学制発布以来、明治国家は教育制度の整備に力を入れた。当初は、国民の抵抗があって、就学率は急速に上がったわけではなく、学制発布の翌年には、男女合わせて二八%だった。しかし一九〇〇年ごろには九五%に達している。ただし男女の就学率には著しい格差があった。しかし一九二〇年代には男女格差はなくなっていた。

学校教育は国家が与えるものだった。国民には子どもをきちんと教育する能力はないと考えられていた。子どもを教育するのは国家であって、市民社会にその力はないと考えられていたのである。国民自身もそう考えていただろう。一八九〇年代には字の読めない親が多数だった。そのころの識字率は男子が五〇%、女子が三〇%くらいではなかったかといわれている。字の読めない親が子どもに読み書きを教えられるわけはない。ところが一九二〇年代になると、国家が与えるお仕着せの教育ではなく、自分たち自身で子どもに教育を与えようという運動が広がる。

一九二一年に創立された文化学院は、国の学校令によらない自由な教育をうたった。日本ではじめて男女共学をおこなった。制服はなく、ほとんどの生徒は洋服だった。文化学院の生徒はファッショナブルで評判だった。文化学院は西村伊作によって、与謝野晶子・鉄幹夫妻、石井柏亭、山田耕筰の協力を得て設立された。

創立者の西村伊作は建築家であり、詩人であり、陶芸家であり、教育者であった。叔父の大石誠之助の影響で若いころは社会主義運動にかかわったが、大石誠之助が大逆事件に連座すると政治から離れた。しかし西村の口からアナーキズムということばは聞かれなくても、西村伊作はアナーキストの自由で創造的な世界を非常によく象徴する人物である。西村伊作にとって、教育は自分たちがさずけるもの、男女は共学するもの、ファッションは個性を表現するものなのである。大正自由教育運動は子どもの気持ちを中心に教育を組み立てようとする考え方で、一九二〇年代に広がった。文化学院のほか、沢柳政太郎がかかわった成城小学校、羽仁もと子の自由学園などが知られている。文化学院はそういう動きの中でも、アナーキズムに近いのである。もしもアナーキズムということばに、まがまがしい烙印が押されていなかったら、西村伊作や文化学院は堂々とアナーキズムの旗をかかげただろう。

子どもの発見

国家は子どもを不完全な大人としか見ない。子どもは親に依存していて、親の教育に従うべき存在であり、法律行為の主体ではない。親は親で子を扶養し教育を与える義務がある。しかしだれでも子ども時代に、自分を不完全な人間とする物言いに接して不快な思いをしたり反抗したりした経験があるだろう。一〇代の中ごろになれば自分はもうおとなだと内心で思っているものも少なくない。

もちろんその反面、一八歳になっても二〇歳になっても、三〇歳近くなっても、自分はまだ一人前ではないと感じている人も少なくない。エリック・エリクソンが、いつまでも自分は一人前でないと感じている若者がふえたことに着目して、「アイデンティティ拡散症候群」ということばをつくったのは、半世紀以上も前のことになる。日本では一九七八年に小此木啓吾の『モラトリアム人間の時代』が刊行されて話題になったものだった。

市民社会の目は、多様な子どもの存在を掘り起こす目である。

第一次世界大戦の戦中戦後期、つまり一九一五年から一九二五年の一〇年間を中心とする時期は、童話が書かれ、童謡がつくられ始めた時期だった。言い換えれば、子どもが発見された時期だった。『赤い鳥』が創刊されたのは一九一八年七月のことだった。創刊者の鈴木三重吉（一八八二〜一九三六）は、夏目漱石の弟子で、娘が生まれたのをきっかけに童話を書き始めた。『赤い鳥』は芥川龍之介の『蜘蛛の糸』や有島武郎の『一房の葡萄』など著名作家の童話が掲載されて評判になった。それまでの子ども向け読み物といえば「孝女白菊」のように、必ずといっていいほど教訓の要素があったが、これらの童話にはお説教めいたことばはなかった。子どもは不完全な大人ではない。子どもには大人と違う独自の感受性がある。その感受性に働きかけて芸術性の高い作品を届けなければならない。『赤い鳥』はそういう思想でつくられた。

子ども向けのお話は、もともとは御伽草子とか昔話と呼ばれていた、明治後期に巌谷小波（一八七〇〜一九三三）がお伽噺ということばをつかったが、小波が新しいことばを当てたのは、子どもに与える読み物の性格を変えたという意識のあらわれだった。出世作となった『こがね丸』（一八九一年）は、親を虎に食い殺された子犬のこがね丸が成長して仇討ちをするという物語であるから、ありふれた仇討ちものである。しかし、おそらく小波はドイツの文豪ゲーテの童話『ライネケ・フォックス』などを念頭に置いていたのであろう。その事情は、『こがね丸』の五年ほど前に世に出た坪内逍遥の『当世書生気質』が旧態依然たる戯作調だったのと似ている。これからは西洋的な知識をおさめたものが、新しい問題意識で子ども向けの読み物を書くのだという主張である。孝女白菊の物語は井上哲次郎が漢詩で書き、それを落合直文が新体詩のかたちにしたもので、やはり一八八〇年代後半につくられた。「孝女白菊」はその後、繰り返し繰り返し雑誌などに登場する児童文学の定番になった。『こがね丸』にせよ「孝女白菊」にせよ、仇討ちなり親孝行なり、国家がすすめる忠孝の道徳をあらわすものであった。

それにくらべると、『赤い鳥』の童話がつくる世界は相当に異質である。「一房の葡萄」は、出来心で盗みを犯した少年の許しと反省の物語であり、テーマは忠や孝ではなく友情と良心だった。そして、そこに描かれた舞台はまだ見ぬエキゾチックな異国の情景を思わせる、美的な世界だった。主人公の「僕」の目で、「僕」の心の動きや行動が描かれているが、実をいうと「一房の葡萄」は有島武郎自身の少年時代の経験をもとに書かれたのである。

『赤い鳥』一八年一一月号に西條八十（やそ）の「カナリア」が掲載され、のちに曲がついた。『赤い鳥』は童謡を生んだのである。やがて同誌には北原白秋が「からたちの花」などたくさんの童謡を書くようになった。『赤い鳥』が成功すると、一九一九年に斎藤佐次郎が『金の船』を創刊した（のち『金の星』と改題）。『金の星』には野口雨情が「七つの子」「赤い靴」「青い目の人形」「シャボン玉」などの童謡を書いた。さらに一九二〇年には『童話』が創刊され、『赤い鳥』から移った西條八十が「肩たたき」「鞠と殿様」などを書いた。

童謡が想起させる情景は童話が描く世界と同質だといっていいだろう。鬼が住む鬼ヶ島や熊が出る足柄山ではない。雨が降って、お母さんが蛇の目傘で迎えに来るとか、赤い靴をはいていた女の子が異人さんにつれられていったといった場面である。

3　小川未明の子どもの発見

子どもの発見

国家は子どもを不完全な大人としか見ない、と前項で書いた。それならば市民社会は子どもをどう見るかというと、アナーキストだった小川未明（一八八二〜一九六一）がその見方を非常によくあらわしている。子どもは不完全なおとなではない。かけがえのないものを持っている。それを子どもは、おとなになる途中で失ってしまう。おとなは子どもが持っていた何ともいえない美質を喪失しておとなになるのだ。しかも世の中には悪いおとながいて、子どものたましいの美しさを利用して悪事をたくらむのである。それが小川未明の思想だった。童心主義といわれる立場である。

小川未明の最初の童話集が刊行されたのは一九一〇（明治四三）年のことだった。『赤い船』がそれである。その後、第二の童話集『星の世界から』、第三童話集『金の輪』が出された。未明童話の傑作「赤い蝋燭と人魚」がおさめられているのは、一九二一（大正一〇）年に刊行された四冊目の童話集である。未明は多産な作家で、八百編をこえる童話を書き、さらに五百編に及ぶ小説を書いたが、「赤い蝋燭と人魚」は数多い未明の文学の中で最高峰をなすもののひとつだろう。この四番目の童話集は、『赤い蝋燭と人魚』と名づけられた。

「赤い蝋燭と人魚」には、未明が好んで扱った主題がよく表現されている。裏切られるまごころ、踏みにじられるひたむきさ、むくわれない奉仕、といったことがらに対する哀切な悲しみが、叙情的な調べでうたわれている。のみならず、人間の心の奥にひそむどす黒い衝動に対するいきどおりがあらわされている。純情な人魚をひどい目にあわせた人間たちは、その後、無数の海難にみまわれ、村全体が滅びるという苛烈な罰を受けるのだ。それがこの童話のトーンを暗い調子にしている。その暗さは、アンデルセン童話に見られる暗さによく似た種類の暗さ、つまり人間性に対する不信を美しい幻想の底辺によどませた暗さである。「赤い蝋燭と人魚」のトーンは「マッチ売りの少女」とよく似ている。小川未明が日本のアンデルセンといわれるゆえんである。

ところで、童話作家としての小川未明は、新しい児童文学の開拓者のひとりであった。未明が活躍していたころ、鈴木三重吉が子ども向けの雑誌『赤い鳥』を創刊した。そして『赤い鳥』には島崎藤村、芥川龍之介、宇野浩二、有島武郎、北原白秋、西条八十ら、そうそうたる文壇文学者たちが、完成度の高い童話や童謡を提供した。『赤い鳥』は成功をおさめ、そのあとを追うようにして類似の雑誌が続々と創刊された。未明や三重吉の登場によって、日本の子どもたちはそれまでとは違う新しい読み物を与えられることになったのである。

巌谷小波は「お伽噺」と称したが、未明らの文学は「童話」と名づけられた。それは後者がお伽噺がさし示すことのなかった新しい想像の世界へ、子どもたちを導いたからである。新しい想像の世界、それは同時に新しい子ども像の世界だった。そして、中でも、最もくっきりと、そうした考えを打ち出したのが小川未明であった。

子どもはけがれのない純真な魂を持っている、子どもこそ、真に人間らしい魂を持った、美と正義と感動の王国の主人公なのだ、と未明は考えた。未明によれば、子どもだけが真に自由なのだった。

子ども時代こそ、人間が真の感動、真の勇気、真の隣人愛をすなおに体験することができるときであり、要するに人間に与えられた真の善性が開花するただひとつの短い時期なのであった。未明は次のように書いている。

「人間はどんな者でも、生れた時は、何ものにも囚はれてゐない、真に自由な心を持ち、自由な生活を営むやうに出来てゐるのであります。其れが次第に、不自由を感じて来るに従つて、一つの観念に捕へられて、自から、この世の中が自由にならないものだと思ふに至るのです」[6]。

「人間行為の目的は、其の社会のために、心から働くといふ一事に限られてゐます。其れにしては常に、何か心に、ある異常な感激がなければならない。小供の時分には、絶えず、勇敢な、美しい感激に燃えてゐるのです。小供の時分程、話されたことを深く考へ、信じ、憐れみ、其れによつて感奮興起するものはないといつてい丶位です。年をとるに従つて、この感激は次第に薄く、弱くなつて行く。其の小供の感激を無理にも堅苦しく押へ付けるのが、今日の教育であります」[7]。

童心主義の童話は、「子どもの発見」を象徴していた。大正時代は、子どもが発見された時代だった。子どもには子どもだけの、固有の心の世界がある。子どもはただ、未熟でものの道理がわからないのではない。子どもの世界とおとなの世界との間には断絶がある、というわけだ。そういうことがはっきりと印象的に意識されたのは、大正時代のことであった。認識の風景の中に占める子どもの位置や輪郭が、大きく描き換えられようとしていたのだった。

子どもがおとなになるということは、読み書きを覚え計算を習い、というように、人間の能力や資質が、じょじょに、連続的に拡大発展していくことではない。おとなと子どもの間には、重大な断絶がある。子どもはおとなになる間に、かけがえのない美しい心性や感受性を失ってしまうのだ。それはたとえば、純粋な共感やいたわり、無償の奉仕といった心である。子どもは天使のように、純真で無垢で罪を知らない、きよらかな存在である。おとなは、それを喪失した存在なのではないか。そういうかたちで、子どもが発見された。

文明批判

子どもの発見は、おとなが自分たち自身のあり方に疑いを持つことから発する。だから子どもの発見は社会批判を伴っている。というか社会批判が子どもを発見させるのである。明末の思想家、李卓吾は童心説をとなえた。生まれたままのこころ、すなわち童心はいつわりのない真心なのであり、童心が「良知」を生み出す。ところが人間はおとなになるにつれて、道徳や理論を学び、それによって童心を失っていく、と論じた。当時は朱子学が主流だったが、朱子学では聖人の教えを学び研鑽することによって人間は完成に近づくと考えていたのであるから、李卓吾の童心説は異端の思想だった。そのため李卓吾は最後には投獄されて獄死してしまう。

李卓吾が生きた明末の都市では、享楽的な雰囲気が漂っていた。『金瓶梅』が書かれたことがそれをよく物語っていると思うが、快楽を求める人びとがふえていた。その一方で、儒教の主流は朱子学で、このころの朱子学の教えは非常に厳格だった。李卓吾は儒学者でありながら、人間が欲望を追求することに一定の正当性を認め、朱子学の偽善的な性格に反発したのである。わたしのこの章のテーマからいえば、朱子学が国家の道徳を象徴していたとするなら、李卓吾は市民社会の道徳を主張したのである。

李卓吾の思想は左派陽明学といってもいいだろうが、日本では吉田松陰が李卓吾に深い感銘を受けた。松陰の場合、童心は欲望や快楽につながるのではなく、自己の感情に忠実に行動すべきだということにつながっていた。松陰は、草莽崛起（そうもうくっき）、一君万民、諫死（かんし）をとなえたのであるから、欲望の肯定とは縁もゆかりもないのであるが、社会批判という点で両者には共通するものがある。子どもの発見は、しばしば社会批判と結びついているのである。

小川未明の社会批判は文明批判というべき性格を色濃くおびていた。人間の美質である他者への共感や奉仕は、文明社会の中では報われないのだと、未明は考えた。まごころの信頼、貧しい人への同情、ひたむきな奉仕、素朴な労働といった人間の善性は、力の強いものによって利用される。強者はそこからたっぷり甘い汁を吸う。そしてそれを支えているのが文明による秩序と支配なのである。ちょうど子どもが、いつも大人のいいなりにされてしまうように、そしてまた、子どもはその純粋な心の世界を長くたもつことができず、やがて必ずおとなになってしまわなければならないように、文明社会は巧妙な構造をつくり上げているのである。

では何が人間の心を汚すのだろうか。前節で引用した文につづけて、未明は次のように語っている。

「教育は、小供の美しい、幻想を失はせるばかりでなく、すべての幻しといふものを破壊してしまひます。小供の可愛らしいのは、其のロマンチックな処にあるのです。常に、生々としてゐる処にあるのです。其れを早くから失はせるのが、今日の科学尊重の教育と、人間を都合のいゝ、型にはめようとする間違つた、主義に立つ教育なのであります(8)」。

この文では教育だけが槍玉にあげられている。しかし未明の多くの評論や小説が物語っているように、「教育」とは、たんに学校制度としておこなわれている社会的機能だけを指していたわけではない。むしろそれを動かしている社会全体の機構や価値観のシステムそのものが「間違った主義」に立っていて、それこそ、本当に人間を堕落させているものだった。人間の心にひそむどん欲なエゴイズムや社会の不平等や機械文明の力が、そして人びとを「富国強兵」という名の近代に向けて精神の内側から駆り立てている強迫観念の力が、人間の素朴さや純良さに対して、無惨な、報われない運命を強いるというわけである。

未明はそういうテーマの物語をたくさん書いている。たとえば時計のない村の話はこうである。あるところに時計のない村があった。人びとは朝は自然に目覚め、自分の思いに従って働き、だれに指図されるでもなく、思い思いに自由な暮らしをしていた。争いごとや犯罪はなかった。ところがあるとき時計という便利なものが村にもたらされた。それ以来人びとは時間に縛られてあくせく暮らすようになった。やがて別の時計がもたらされたが、ふたつの時計は示す時間が異なっていた。人びとは最初の時計が正しいというものと、新しい時計を支持するものに分かれて争うようになった。

勤労の発見「殿様の茶碗」

童話集『赤い蝋燭と人魚』の中に収録された童話をもうひとつ紹介したい。それは「殿様の茶碗」と題されたものだ。この童話には、「子どもの発見」が「勤労の発見」につながっていることが暗示されている。あらすじを次に書いてみよう。

昔、あるところに、有名な陶器師がいた。彼が焼いた陶器は軽くて、薄くて、実に見事な品物だった。ある日、役人がやってきて殿様が使用する茶碗を注文した。陶器師は、いく日かかけて茶碗をこしらえた。それは軽くて薄く、まるで地がすきとおって見えるような、見事な仕上がりだった。

茶碗が献上されると、殿様は役人に、茶碗のよしあしは何で決まるのかと尋ねた。役人は軽くて薄手のものが尊ばれるのだと答えた。殿様は茶碗を手にとってみて、その薄手のできばえに満足した。だが、じっさいに使ってみると、薄手の茶碗は手に熱をじかに伝えるので、決して使い勝手はよくないのだった。殿様は食事のたびごとに不便を堪え忍ばなければならなかった。

あるとき殿様は山国を旅した。そしてひなびた百姓宿に宿泊した。山奥の村であるゆえ、十分に殿様をもてなすだけのものはなかった。しかし百姓はせいいっぱい真心を込めてつくした。

殿様は熱い汁をもてなされたが、茶碗が厚いので手が焼けるようなことはなかった。このとき殿様は、自分の生活が何と煩わしいことかと思った。いくら軽くても薄くても、茶碗にたいした変わりがあるわけではない。それなのに、軽く薄手のを上等なのだとして、不便をこらえながら使うのは、なんと馬鹿げたことだろうか。

ここまでで、だいたい物語の三分の二である。ここまでくれば、この物語の結末がどんなであるか、おおよそのところは容易に想像がつくであろう。茶碗は日常使う什器である、だから、いい茶碗とは薄手の見た目ばかり良い茶碗ではなく、使う者の使い勝手に合った茶碗なのだ。殿様はそのことに気がつく。

殿様は茶碗を手にとって、これをつくったのはだれか、と百姓に尋ねた。百姓は叱られるのだと勘違いして、ちぢこまって答えた。これは粗末な安物でございます。名もない職人が焼いたのでございます。すると殿様は、これは使うことをちゃんと考えてつくられている、大切なのはそういう親切心だ、と語るのであった。

御殿に帰った殿様は、このことを陶器師にも諭して聞かせた。それからその有名な陶器師は、厚手の茶碗をつくるふつうの職人になった。めでたしめでたし。

この物語で未明が主張しているのは、ものをつくるということが元来、親切心の働きなのだということ、つまり、それは本来的には、使う人の用に役立てるための奉仕でなければならないのだという思想である。そして、名もない、直接にものをこしらえている職人たちの仕事こそ、他者に対するすぐれた奉仕なのだということである。

童話の世界であればこそ、有名な陶器師は、たちまちつくることの本来の意義に目覚めて、「ふつうの」職人になったのである。だが現実の世界ではそうはいかない。人びとは虚名を求めて限りなく薄手の茶碗をつくろうとしている。現実の世界では、ものをつくることが奉仕であるという感動はとっくに忘れ去られ、人びとは他者の「用」のためにではなく、ひたすら自己の「利」のためにつくるのだ。未明は「利」が「用」にとって代わるのが大人の世界だと考えた。

ここにあるのは勤労の発見である。奉仕としての勤労が、ちょうど子どもがそのようなものとして発見されたように、近代人がいやがおうでも喪失せざるを得ない真実の行為として発見されているのだ。

もちろん勤労の発見は、搾取の発見だった。人魚が描く赤い蝋燭は高い値で売れると踏んだから、商人は老夫婦に高いお金を示して娘を譲ってほしいというのであるし、そのお金に眼がくらんだから老夫婦は可愛い娘を売り渡してしまうのである。おとなの欲心が人魚の娘を翻弄する。もしも商人のたくらみが実現したら、売られた娘は蝋燭の絵付けのために働かされ、搾取されつづけることになるだろう。だが未明はそれをにおわせるだけである。その一歩手前のところで悪い商人を死なせ、村人に罰を与えるのである。

4　柳宗悦の民芸の発見

生きることの意味

明治国家がひとりひとりが自分の生き方をのびのびと求めるのを推奨しなかったこと、それゆえに煩悶青年という類型が登場したことは『日本政治思想史』で述べた。国家は富国強兵をかかげ人心を統一しようとして戊申詔書を発した。しかしひとりひとりの人間が生きることの意味はそんなものではない。生きることの意味は、宗教が与えたり、道徳が与えたり、親が与えたりするのである。人びとはそれを自分でつかみとる。国家の役割は何か。人びとが生きることの意味をつかむために、なるべく幅広い機会を提供すること、それが国家の役割なのである。そして思想の自由や信仰の自由が、それを保障する。

生きることの意味は、ひとりひとりが自由につかみとるものなのだということ、しかもそれは国家にも伝統にもしきたりにも縛られることのない営みなのだということは、一九二〇年代前後から、さまざまのかたちで日本人の間に広がっていった。武者小路実篤の『友情』（一九一九年、『大阪毎日新聞』に連載。翌年単行本になった）は、生きることの意味を自分の力で見つけようとする青年のことばで結ばれている。物語の最後で主人公の村岡は「君よ、これからは仕事の上で決闘しよう」と叫ぶ。ひとりの女性をめぐって親友と三角関係におちいった主人公が、苦しみ悩んだあげくに到達した結論だった。女性は親友のほうを選ぶが、それは彼女の本心であって、ふたりの青年は卑怯な手段を弄したわけではない。こうなったらしばらく君たちには会いたくない。会えば自分の恋心が傷口を広げる。しかし君が立派にふるまったことはよくわかる。だからこれからはお互いに立派な仕事をするように努めよう。君がどんな仕事をするか、遠くにいても僕は見ているから、どうか君も僕の仕事を見てほしい、というわけである。

『友情』の登場人物は、ヨーロッパに留学するような前途有為な若者である。「末は博士か大臣か」と、国家が推奨する立身出世のはしごをのぼる道も選べただろう。だがふたりは芸術の道を歩もうとしているのである。それならばごく普通の人びとはどうか。国家につかえる官僚学者がとなえる忠孝一本の道を黙々と歩めばいいのだろうか。戊申詔書にはそのように歩めと書いてあるように見える。

一九二〇年代になると、このような普通の人たちの、ひとりひとりの生き方に光が当たるようになる。それも、階級とか労働者とか労働といった集合的な概念によってではなく、民芸とか農作業といった具体的なかたちにおいてである。ものをつくるということが新たな光で照らされたのである。それは生きることの意味を仕事に関連づけることだった。

一九二〇時代は、人間の実生活を支える生産的な勤労が持つ意味に、新たな光が当てられた時代だった。それは社会主義の功績でもなければ、ロシア革命の影響でもなかった。それ以前に、産業化の真っただ中にあるということが、つまり社会変動が、勤労の意味をいやでも認識せざるを得なくしたのである。

人間は生きるために食べなければならない。だから、食べ物を生産する仕事は、人間の実生活を支える生産的な勤労として、第一に指を屈しなければならない活動である。また、人間は生きるために雨露をしのがなければならない。衣服を身にまとい、茶碗などさまざまな道具を使う。建物を建て、衣料を仕立て、道具や什器をこしらえるのも、人間の生活を支える生産的な働きである。このような働きに与えられる意味や役割は前近代社会では決して高くなかった。仏教では野良仕事は土中にいる虫を殺すから罪深いおこないであり、水中の魚をとることも殺生だから罪深いおこないだった。儒教でも一般庶民は道徳教化の対象でさえなかったのである。農民や漁民は高貴な人びとのくらしを支える存在でしかなかった。だが明治の近代化が始まると、生産的な労働は、それ以前にくらべて格段に重要なものとしてとらえられるようになった。そして生産的な労働が、人間の活動と意識の根源に、欠かすことのできない価値の基準として置かれるようになったのは、二〇世紀のはじめのことだった。

歴史学者がとらえた中世

たとえばこの時代の歴史家たちは、どんな史観に立つにせよ、中世を堕落や衰亡の時代とは見なくなる。法や道義が廃れ、むき出しの武力が大手をふってのさばる非道な時代、洗練された文化を持つ貴族が没落し、野蛮な武士がそれに取って代わった「末法の世」だとは考えなくなる。なぜか。その理由はこうである。彼らの視点は、たとえば東国武士団が、じっさいに農耕に従事している直接生産者をしっかり把握していたことに向けられた。王朝貴族の華美な生活はこういう人びとが組織する生産的労働によって支えられている。それならば、本当なら彼らこそ、社会の主人公であるべきだったのではないだろうか。

平安末から鎌倉時代にかけて、武士はいよいよ歴史の表舞台に躍り出てくる。こうして武士は中世の扉をその実力でこじ開けた。近代の歴史家にとって、中世とは、いわば大地に根をおろしているものが、ついに歴史の日の当たるところに躍り出てきた時代だった。歴史を認識する尺度においても、生産的な勤労が大きな地位を与えられるようになったわけである。

武士たちが生産的な勤労をみずから組織し、掌握していたという事実が、明治以後の近代化の時代になって、にわかにクローズアップされた。それ以前には慈円の『愚管抄』にせよ、新井白石の『読史余論』にせよ、伊達宗広の『大勢三転考』にせよ、生産的労働など目の端にもなかった。慈円は末法思想によって権力の移動を説明したし、白石は徳のあるものが不徳なものに取って代わるのだとした。伊達宗広は国学者の立場から権力交代を説明しただけである。彼らが見ていたのは権力交代劇でしかなかった。

生産的労働を踏まえて中世をとらえるというとらえ方は、近代日本の自己意識の投影にほかならない。とくに社会組織を支える倫理道徳意識への注目に、それが顕著にあらわれている。たとえば歴史家の原勝郎は、封建武士の美徳として、ひたむきな忠誠心、自己犠牲の精神、質実勤勉などといった性質を数え上げている。そして原はその著書『日本中世史』（一九〇五年）の中で、武士道に関して大きなスペースを割き、武士の道徳箇条や修養から家庭教育、さらには乳母の役割についてまで論じている。

原は生産的労働そのものよりも、むしろ生産的労働に従事する階層をしっかりと把握している階級、すなわち武士階級のほうに重きを置いている。それとともに原は、中世の政治変動がたんに公家から武家への政権の移動を意味するにとどまるものではなく、巨大な社会的革新をもたらすものだったことを強調している。原によれば、この革新を通じて「輸入文明の外被剥落して、文化は爰に其国民的真面目を露出し、一旦誤りて暴進せる径路を捨て其健全なる発起点に復帰し固有の日本は爰に初めて其歴史形成の緒に就かんとしたるなり」というのである。(9)

原勝郎の『日本中世史』と石母田正の『中世的世界の形成』

マルクス主義の歴史学が労働の問題に焦点を当てたことはいうまでもないだろう。石母田正の『中世的世界の形成』が書かれたのは日米戦争下であったが、石母田がとらえた中世もやはり、原勝郎がとらえた中世と似ている。石母田は原の中世観をさらに深化させた。石母田は中世的世界の精神を象徴するものとして「貞永式目と平家物語と歎異抄は日本の中世的世界を支えている三本の柱である」ととらえ、「そこに共通しているものは国民の発見であり、国民との生々とした連関である」としている。そしてこれらの精神を特徴づけるのは「旺盛な啓蒙的教育的精神」であって、「かかる啓蒙的教育的精神の旺盛は国民の意欲が高まり、その精神が躍動してきたことを示すものに外ならないのであって、中世的な世界の基礎はただこの事実の中にある。国民はけっして発見されたものではない。

それは古代専制主義の基礎をなしたあらゆる制約を克服して来て初めて、貴族に対して国民となったのである」と論じるところまで踏み込んでいる[10]。

ところでどうして貞永式目と平家物語と歎異抄とによって中世の精神世界を象徴することができるのだろうか。石母田によれば、貞永式目は領主制における所領内住民が独立の自営農民であったため家族的統制や強力によってはもはや支配し得なくなったことを物語っているのであり、浄土思想（歎異抄によって代表される）はもともと貴族階級から生まれたものであるが、身分、出身、生業のいかんを問わず、ただ信仰するもののみが往生し得るととなえることで貴族社会をこえて広く国民的な基盤に浸透したのである。そして平家物語はまさしく貴族以外に広範な聴衆を持ったがゆえに成立したのだった。

こうした中世的世界の形成という大きな歴史的変動の基礎にあったのは何か。それは農民階級の成長だと石母田は考えている。そしてこの農民層を把握していたのが武士団であったことはいうまでもない。

さて、マルクス主義は「生産力と生産関係の矛盾」を歴史の起動因としてとらえる。これは一歩突っ込んでいえば、きちんと働いたものがそれ相応の対価を取るべきだということにほかならない。生産力と生産関係の「矛盾」が最も露呈しやすいのは、まさしく分配をめぐってである。だからその基準は「勤労」（すなわち労働）なのである。勤労（労働）を根底にすえて社会を総体的にとらえる視点は、日本の場合、マルクス主義においてはじめて完結した形態を与えられた。日本におけるマルクス主義は、イギリスにおいて古典派経済学が果たしたような役割を果したのである。

もちろん原が称揚した武士の美徳は、明治国家が奨励し、明治以後の一般の日本人が美徳として信じていたものにほかならなかった。だから原は「殊に此武士道なるものが我国道徳の発達に有効なりしは、其自利的個人主義を制圧したるにありき」[11]と述べ、武士道が彼自身の時代の道徳の根本にあることをはっきり表明している。原は武士道が「我国道徳の発達にとって有効」だったことを確信していた。西洋文明を受容し、近代産業を起こし、欧米列強に肩を並べて互していくには、国民のひたむきな勤労が絶対に必要であった。であるから、原の目に映った中世には、殖産興業の道をひた走る近代日本の姿が二重がさねに重ね合わされているのである。

柳宗悦の「用の美」と小川未明

原勝郎は武士の道徳箇条を明治国家の推奨する道徳の原型としてとらえている。けれども人間の実生活を支える生産的な勤労というなら、それは人類史のはじまりから存在していただろう。何も明治になってから始まったわけではない。一九二〇年代に新たな光が当てられたという意味では、原勝郎らの系譜の勤労意識だけを追っかけていたのではわからない。もうひとつの系譜の勤労思想が芽生えていたのである。小川未明はこちらの系譜に属する作家だった。

小川未明が「殿様の茶碗」を書いていたのとちょうど同じころ、柳宗悦は京都の朝市で、「下手(げて)もの」といわれていた安物の雑器をこまめに集めていた。柳はそれまでにない独得の美意識で、日常生活の用に供せられていた陶器や箪笥や、その他さまざまの道具を美しいと感じた。一九二六年に書かれた「雑器の美」いう文章の中で、柳は下手ものに寄せる彼自身の思いを美しい文章で表現している。

ちょっと長くなるがここに引用しておこう。

「それは貧しい『下手』と蔑まれる品物に過ぎない。奢る風情もなく、華やかな化粧もない。作る者も何を作るか、どうして出来るか、詳しくは知らないのだ。信徒が名号を口ぐせに何度も何度も唱へるやうに、彼は何度も何度も同じ轆轤の上で同じ形を回してゐるのだ。さうして同じ模様を描き同じ釉掛けをくり返してゐる。美が何であるか、窯芸とは何か。どうして彼にそんなことを知る知恵があらう。だが凡てを知らずとも、彼の手は速やかに動いてゐる。名号は既に人の声ではなく仏の声だと云はれてゐるが、陶工の手も既に彼の手ではなく、自然の手だと云ひ得るであらう。彼が美を工夫せずとも、自然が美を守つてくれる。彼は何も打ち忘れてゐるのだ。無心な帰依から信仰が出てくるやうに、自ら器には美が湧いてくるのだ。私は厭かずその皿を眺め眺める」[12]。

無名の陶工が来る日も来る日もつくり出す同じかたちの器と、念仏宗徒が繰り返し繰り返しとなえる名号、柳はこのふたつを対比している。日常生活のほとんど無意識のルーティーンに根をおろした美と信仰を、柳は同じ次元で受けとめている。これは柳の思想の特徴であるとともに、柳や小川未明らの時代をくまどるひとつの思潮でもあった。が、それはともかくとして、柳の趣味的な蒐集は、やがて大きな運動となって実を結ぶ。柳の美感覚と彼によって見いだされた雑器の値うちは、「民芸」ということばで表現されるようになっていく。未明の童話に出てくる殿様は、「用」の意味を見つけただけだったが、柳はよろこびをもって「用の美」を感じとった。

「用の美」とは何か。一九四一年に書かれた「用と美」と題する文章に「用の美」を説明するくだりがある。「是等のものがどういふ場合に美しくなるのか。只見る立場からのみ作つて美しくなるか。

決してさうではない。用の機能に調和せずば美しくはならない[13]」。

実は小川未明の節でわたしがもちいた「用」と「利」との対比は、もともと柳の文章にあったのを借りたのである。民芸もまた、ものづくりという仕事の大切さ、すなわち勤労の大切さを、文明批判と結びつけることで発見されたのである。柳は近代の資本主義的機械制生産が優位を占めつつある流れの中に立って、それが滅ぼそうとしているものを愛惜したのである。民芸が見つけ出されるためには、飾られ、観賞され、秘蔵される高価な美術品と、使われ、触れられる安価な日常の什器との対比だけでは十分ではなかった。それならば、草創期の茶の湯の名人たちが何百年も前におこなった仕事だった。柳が意味を認めたのは、無名の職人の手で、ただ人の使用に供するだけという素朴な目的でこしらえられたものが、そうだからこそ美しく感じられるという因果関係だった。要するに、他者の「用」のための奉仕的な勤労こそ美の根拠なのだった。

資本主義的機械制生産も鑑賞のためではなく、とりあえずは用のために生産しているとはいえる。しかし資本制生産が無名の職人の生産と決定的に違うのは、その根本に自己の「利」という貪欲な動機が潜んでいることである。だからそれが生産するものは「粗製濫造」であって、決して美しくない。柳はそう明言している。柳は資本主義的な機械制生産についてきわめて手厳しかった。「機械生産は一つの企業に発展する。それは少からぬ資本を要した。それ故、その実施は資本制度経済に委ねられた。資本家の意図は之による利潤である。それ故機械製品は常に商業主義と結合した。利益の上らないやうな企業に資本家の心は靡かない。凡ての施設は利潤を中心に計画される。かかる商業主義に於いては質と美とは度々無視される。何故ならそれは屢々生産費を増加さすからである。利得を大きくするためには、能ふ限り犠牲を縮小せねばならぬ。材料費の少ないもの、工程の容易なもの、時間のかからないものが要求される。機械それ自身の設計も利潤を中心に考慮される。而も利欲は制限を有たない。粗製濫造はかくして始まるのである。この商業主義こそ、ものの質を痛めた大きな原因であった(14)」。

勤労の発見

勤労の意味と役割を重んじるのは、産業社会に特有の価値意識である。一九世紀末から二〇世紀初頭にかけての日本ばかりではない。マックス・ウエーバーやタルコット・パーソンズはそのことに着目して社会学を組み立てたのであった。産業社会の担い手は働く人間であり、産業社会は彼らの勤勉な労働によって成り立っている。だから彼らは、多かれ少なかれ、働くことに人生の意味をたくしている。たとえば現代の勤労者にとって、職業人として働くことは、自分の能力を伸ばすことであり、職業上の実績を積み重ねて自己を成長させていくことを意味している。少なくとも彼らは、そうすることができる仕事につくのが望ましいと考えている。つまり現代人は、心理学者の用語でいう「自己実現」の価値観を抱いている。

けれども勤労の意味と役割が重要な価値基準になったという場合、勤労ということばには、ふたつの異なる系列の意味があることに注意しておく必要がある。言い換えれば、産業化は人間の労働の意味を否応なくふたつの世界に引き裂くのだ。こうしてふたつの異なる種類の勤労が成立する。このふたつの間には、きびしい相克がある。

第一の系列の基礎にあるのは、生産が人間の生存そのものを直接支えているということだ。人間の生活は労働なくしてはあり得ない。生活は勤労のたまものである。だから、生活の水準はそれを支える労働の質にかかっている。安定した、潤いと歓びのある生活は、無数の名もない農民や職人の、地道でたえまない、誠実な勤労から生まれる。第一の種類の勤労は、こうした認識から生じる。

この系列において、勤労は本質的に奉仕であるといってもいい。真の意味でものをこしらえるということは、それを使いもちいる他者の生活や心を豊かにしようとすることだからだ。このような思いやりこそ、人間の社会に道徳を打ち立て、美をもたらし、さらには力を生み出すのだ。未明や柳が価値を認めたのはこの意味での勤労だった。

これに対して第二の系列の根底には、人間には向上したい欲求があり、それは多くの場合仕事を成しとげることによって満たされるという思想がある。しかも文明の進歩の原動力は、積極的に創造的な仕事に立ち向かっていく、たくましい意志の力である。そしてそのためには、着実で、持続的な努力、つまり勤勉さが要求される。

ここでは、勤労は奉仕ではない。それは創造への倦まざる意志である。したがって、あらゆる困難を乗り越えて前進しようとし、おそれることなく未知のものに立ち向かっていく強い精神が必要である。勤労を支えるのは他者への思いやりではない。勤労はむしろ、栄誉や名利を求める欲望、真理を征服したいという好奇心などといった個人的な動機の産物なのだ。

だからここで要請される倫理は、公正さ、つまりフェアープレイの精神である。それによって、ともすれば暴走しがちなエゴイズムにはどめをかけることだ。たとえば競争者があれば、それは自分に害をなそうとする敵ではなく、ともに切磋琢磨することができる友であるととらえる、そういう精神である。

一九世紀ヨーロッパの古典派経済学者たちは、この第二の種類の勤労を大いに賛美した。たとえばアルフレッド・マーシャルがそうである。マーシャルは経済的発達と道徳的優越性とを等価に置いた。つまり道徳的に卓越した民族は、より豊かな富とサービスを享受するというのである。豊かな民族はそれだけ道徳的にもすぐれている証拠だというわけである。もちろん富が道徳の反映だとされた理由は、富こそより質の高い勤労の産物と見られたからである。反対に、貧困は人間を道徳的に退廃させ生産の能率も低下させると考えた[15]。

さらにマーシャルは、自由な企業活動が人間の徳性を発達させるとも考えた。マーシャルは「経済騎士道」というアイデアを提唱し、産業化された欧米において、最もすぐれた人間の半数は実業の世界にいると主張した[16]。これに関連して、マーシャルが競争を三つに分類したことも付け加えておきたい。マーシャルによれば、競争には①必要な場合には協同をもふくむ友情的な競い合い、②通常の企業上の競争、③破壊的な目的を持った競争、の三つがある[17]。マーシャルがいおうとしているのは、もちろん、経済的発達をとげれば、それに従って①や②の類型の競争が多くなり、③が減っていくということである。つまりは競争によって人間は道徳的になるわけである。

原勝郎の考えはこの第二の系列に属するといってよい。しかしこの系列の思想は、二〇世紀前半の日本ではマーシャル的な形態で伸張することはなかった。とくに、市場的競争が、そこでしのぎを削っている競争者たちを道徳的にするなどといった考えは、少なくとも思想的にはほとんど根づかなかった。福沢諭吉や渋沢栄一といった、わずかな例外があるばかりである。競争で勝ち残るのは、自分のことしか考えず他人を蹴落としても平気な利己主義者であり、そういう人間たちが資本主義社会をつくっている。だから資本主義社会は血も涙もない搾取のシステムになってしまう。そういう思想が支配的になった。何しろ日本の経済学者の間では、アダム・スミスの学説は利己心を出発点にしているから間違っているといって支持されなかったのである。

ふたつの勤労はお互いに似ても似つかない勤労である。だがそれは、ともに近代の産物である。ともに同一の地盤から生まれながら、ふたつはお互いに宥和しがたいものであった。

というより、近代の産業化をおし進めたのは、結局のところ第二の種類の勤労だった。そして産業化の趨勢がしだいに産業社会の全貌をあらわしつつあるとき、そのときはじめて、いまや喪失されかかっているものとして第一の種類の勤労が、さまざまな姿を通して可視化されたのである。

資本主義的産業化の過程を、柳は「利」が「用」を押しのけていく過程としてとらえた。彼は近代産業の発達の過程で、伝統的な工芸の、しっとりとした手触りの世界が滅びつつあることを痛切に感じた。この感覚がなければ、彼の民芸運動はあり得なかっただろう。

子どもはおとなになるが、だからといって必ず子どもの心を喪失してしまうとは限らない。農村は都市になるが、だからといってその美徳がすべてなくなってしまうとは限らないのだ。しかし、近代の産業化をめざす限り、子どもをおとなにし、農村を都市に変えるあらがいがたい力は作動しつづける。それはやがて、必ず全面的な勝利をおさめるだろう。小川未明は産業化の勝利が、子どものかけがえのない善性を、可愛らしさを、純粋さを、ある種の有無をいわせぬ正当性（たとえば教育という名のそれ）のもとで踏みつぶし汚すのだと感じた。

そういうことが痛切に意識されたときはじめて、勤労と子どもの意味は、喪失感を伴って、それまで知られなかった新しい姿をあらわしたのである。

5　民衆詩の登場

前期産業社会と貧困差別

一九二〇年代は資本主義社会への批判が高まった時代だった。日本は「富国強兵」をかかげて国づくりにはげんできた。そして帝国主義国の仲間入りを果たした。しかし産業文明は必然的に社会の不平等をもたらし、人間の素朴さや純良さに対して、無惨な、報われない運命を強いるのではないか。一九二〇年代はそういう批判が広がった時代だった。

河上肇の『貧乏物語』が新聞に連載されたのは、一九一六年のことであった。翌年『貧乏物語』は単行本として刊行されベストセラーになった。『貧乏物語』では、河上肇は貧乏の原因を金持ちの贅沢に求めた。金持ちが贅沢にお金を使うと、その分、貧しい人たちの生活必需品のための生産力が減り、それによって貧乏が発生するというのである。河上は貧乏をなくすためには金持ちが贅沢をやめるべきだと論じた。しかしそれには現実的でないという批判が起こった。その後河上はマルクス経済学の研究に打ち込むようになり、一九三〇年には『第二貧乏物語』を刊行するに至る。こちらはマルクス主義の立場に立っており、河上は先に出した『貧乏物語』を絶版にしたのであった。

ところで貧困を問題としてとらえるというのは、どういうことなのだろうか。

大衆社会に到達する以前の産業社会を前期産業社会とし、大衆社会化した産業社会を後期産業社会として、ふたつを区別するとすれば、前期産業社会は農業社会から工業社会への過渡期の社会である。過渡期の社会であるから二重構造が浮き彫りになる。都市と農村、近代部門と伝統部門、資本家と労働者、高学歴と低学歴などなどの二重構造である。そして貧富の格差がはっきりと目に見えるようになる。もちろん前近代社会にも不平等や差別は厳然として存在したし、明治の貧困や差別よりももっとすさまじかった。だが貧困や差別は秩序の中に沈み込んでいて、目には見えても根絶することが可能な社会問題とは意識されなかった。近代になると理由のない貧困や差別を許さない意識があらわれて、貧困や差別を認識する枠組みがしっかりするのである。

公娼制度は明治初年に問題であることが認識されていたし、マリア・ルス号事件で清国人奴隷を解放した大江卓のような人物もいた。大江卓はのちに衆議院議員となり、さらに被差別部落の問題に取り組むのである。大江は土佐の出身であり、立憲自由党所属の議員だった。自由民権の理念がゆえなき貧困差別を根絶する行動の根底にあった。

自由民権運動は壮士芝居や演歌まで、大衆芸能のすそ野をつくり出した。自由民権の理念は、一八八〇年前後から、たちまち民衆の間に、芝居の場面や演歌の歌詞といういきいきとした具体的なイメージを伴って広がっていった。洋行帰りの紳士たちだけのものでなくなったのである。そのことを示す一九二〇年代の現象が民衆詩の登場であった。

民衆詩

詩は政治状況が緊迫したときに輝く。日本近代史でいえば、幕末に勤王の志士たちはさかんに漢詩を書き愛誦した。中でも藤田東湖や頼山陽の詩はたいへんよく読まれた。自由民権運動のときは新体詩がさかんに書かれた。植木枝盛の「民権数え歌」、川上音二郎の「オッペケペー節」はじめ多くの詩が書かれ、歌になって歌われた。そして大正デモクラシー時代には、民衆詩が書かれた。

一九二〇年代に、詩の世界では、福田正夫、白鳥省吾、百田宗治ら民衆詩派の人たちに読者の支持が広がった。民衆詩は今日われわれが詩といわれて思い浮かべるような、数十行の分かち書きの抒情詩とは非常に違っている。福田正夫の『高原の処女』のように、一冊の本になる長編叙事詩も多いのである。すなわちストーリーがあって、映画や芝居のシノプシスのような性格を持っているのである。民衆詩は一時詩壇の多数派を占めるほど人気になって、『高原の処女』は映画化されたほどであった。

民衆詩派の詩人たちはウォルト・ホイットマンやエドワード・カーペンターの詩や思想に共鳴していた。トルストイ思想に心酔した加藤一夫もこの人びとに近かった。ホイットマンもカーペンターもトルストイも一九二〇年代にはさかんに読まれたのであったが、彼らの思想にはアナーキズムの香りがした。アナーキズムは社会の自律性に信頼を置き、権力による組織化ではなく自己組織化をめざす。そして社会組織による人間性の抑圧に対して敏感に反発する。だからハイアラーキカルな組織を必要とする工業社会でなく、対等な人たちがつくる農業社会を指向する。アナーキズムがめざしたのは、国家にたよらず民衆が自分たちだけで自足した社会システムをつくることだった。理想を夢見、平和的で明るい。アナーキズムはそういう思想だった。

文化学院が一九二一年に、西村伊作らによって設立されたことはすでに述べたが、加藤一夫はその文化学院の設立に参加した詩人である。一九一七年に『土地の叫び地の囁き』で民衆詩派の詩人として出発し、やがてアナーキズムから農本主義にと思想の転向をぐっていく人物である。加藤一夫はトルストイに傾倒し、汎労働主義の生き方を理想としていた。仕事と芸術活動の両立をめざし、郊外に住んで、一日の労働の半分は自分の食べる野菜をつくり、半分は雑誌編集の仕事をし、夜は読書と創作にあてるという生活をしていた。加藤は与謝野夫妻と交友があり、与謝野家を訪ねては「半農生活」について語った。かたわらで聞いていた子どもたちが半農生活をするのだといって、家の裏の空き地に花や野菜の種をまいて育てたこともあった。

福田正夫の『高原の処女』

北原白秋や日夏耿之介ら芸術派の詩人たちは民衆詩を激しく批判したが、とても正当な批判だったとは思えない。批判された福田正夫らはすぐに反論したが、攻める側も守る側も、詩の概念が狭すぎた。民衆詩派は詩を民衆に近づけるだの、労働者や農民の心情に即した詩をつくるだのと反論したが、そんな必要はなかった。叙事詩と抒情詩は違う。叙事詩はわかりやすくなければならない。そして簡明な主題がなければならない。それに現実に民衆詩はたいへんよく読まれたのである。その事実だけで十分だった。

民衆詩の中心人物だった福田正夫には何編もの長編叙事詩がある。そのうちの『高原の処女』と『嘆きの孔雀』の二編は映画化された。非常に人気が高かったのである。福田正夫の長編叙事詩は、いわば口語で書かれた近代の浄瑠璃だった。浄瑠璃は人形文楽と歌舞伎で劇化され、福田正夫の叙事詩は映画化されたのである。

『高原の処女』は一九二二年に新潮社から刊行された。ここにその冒頭の二連を書き出してみよう。こういう文章が、二五〇ページほどにわたってつづくのである。ストーリーは小さな娘と心中をくわだてていた薄幸の母が、死に処を求めて乗った汽車の場面から始まる。おなかをすかせた娘が食べ物を求めるが、母は何も与えるものがない。するとそれを見ていた男が食べかけの弁当を与える。母は感謝する。しかしそれがおそろしい罠だった。読んでみると、おそらく読者は、映画か演劇のシノプシスを見るような印象を持たれるのではないかと思う。

いまから十数年前、
ある寂しい夜であつた、
悲しい母はその子の手をとつて
雪をついて走る列車の
片隅に人目を憚つてゐた

貧しいものがする、
その世を憚ることの寂しさよ、
そこに母は古びた羽織に、

破れた着物をつゝみ、
ぢつとうなだれて胸を抱き、
破れた心に
寂しく思ひつめてゐた。[18]
…………

民衆詩と市民社会、浪花節と国家

叙事詩はストーリーを動かす主題が決定的に重要である。民衆詩がどんな主題を好んで扱ったかというと、実はその時期の通俗小説とまったく同じである。加藤武雄、中村武羅夫、三上於菟吉、吉屋信子、小島政二郎ら、そのころの流行作家たちは、愛し合う男女が、引き裂かれひどい目にあいながら、最後まで愛を貫くというテーマを頻繁に取り上げた。愛なき結婚、望まない肉体関係、奪い取られる子ども、転落など、ヒロインは散々な目にあいながら、決して愛をすてないのである。

『高原の処女』の場合はどうかというと、こちらは悲しい純愛物語である。弁当を与えてくれた男は怪しげな宿を営んでいた。そこに身を寄せた母は娘が可愛い一心で、どんな恥辱にも耐える。しかしまもなく病を得て亡くなってしまう。残された娘は美しい少女だったので、宿屋の主人夫婦は彼女をいずれ金のなる樹になると見込んでこき使いながら育てる。あるとき娘は母の菩提寺で療養に来ていた青年に出会う。青年も母と同じく結核に病んでいた。いつしかふたりは惹かれ合うようになるが、あるとき青年は家に戻ってしまった。娘はやっと青年の居所を探し当てるが、そのとき青年は死の床にあった。再会した翌日、青年は息を引き取る。娘も病に倒れてしまう。そして青年の後を追うようにして、娘も死んでしまう。実はふたりは異母兄妹であった。父親はふたりをひとつの骨壺に入れて、手厚く葬るのであった。

民衆詩は浪花節と対比するのが適切である。浪花節は叙事詩だったととらえたうえで、対比するのが適切である。民衆詩のテーマは、一足早く大流行し芸能の首座に躍り出た浪花節とはまったく違っていた。浪花節は義士もの、義侠ものを中心として、忠孝と義理人情を説いたのである。浪花節のテーマは国家の公定する道徳と符節が合っていて、そのため一九三〇年代に戦時色が濃くなると、浪花節は国策に協力するようになる。一九四一年には浪曲向上会が結成され数多くの愛国浪曲がつくられるようになる。

一方、民衆詩は市民社会の道徳を表現していた。愛がうたわれ、不正や差別や偏見をゆるさない。そして読むものの涙をさそった。民衆詩は虐げられる人びとや貧しい人びとが救われるための社会改革を主張したのである。そして一〇年ほどの短い期間だったが、民衆詩派は、詩壇で最も優勢な勢いを誇ったのである。

一九二〇年代の民衆詩は浪花節ではないオーソドックスな形式の叙事詩を確立しようとした最初で最後の試みだった。浄瑠璃の再来を果たそうとしたととらえてもいいかもしれない。民衆詩派の本当のライバルは芸術派の詩人たちなどではなかった。本当のライバルは浪花節語りの人びとだったのである。

民衆詩はわかりやすいし、主題がまっすぐに伝わってくる。朗読してもいいし、ラジオ放送にも打ってつけだった。文学的洗練という面では物足りないが、大衆的な人気が出たのは当然だった。多くの人に楽しまれる要素があった。民衆詩派は社会主義の弾圧、マルクス主義との闘争、軍国主義の支配といったことがなければ、戦前戦後を通じて日本の詩の最も大きな流れになることだってあり得たのではないかと思う。象徴派のような難解さはないし、プロレタリア詩のような内向きの暗さもない。ヒューマニズム、明快さ、大衆性の三点において、民衆詩派は日本の主流をなしてきた抒情詩にはない独特の輝きを持っているのである。

註

(1)『石橋湛山評論集』岩波文庫、一九八四年、一三七ページ。
(2) ヨハン・ガルトゥング『ガルトゥング平和学の基礎』藤田明史編訳、法律文化社、二〇一九年。
(3) アナボル論争とはアナーキストを選ぶべきかボルシェビズム（つまりマルクス主義）を選ぶべきかをめぐる論争である。一九二〇年代はじめに日本の社会主義運動の内部で起こった。そして少し遅れて、女性たち間でもアナボル論争が起こった。『秋山清著作集7　自由おんな論争』ぱる出版、二〇〇六年、一四五ページを参照。
(4) 引用は清原康正・鈴木貞美編『史話日本の歴史31　闊歩するモボ・モガ―昭和モダニズムの光と影』作品社、一九九一年、五八ページ。
(5)『明治文学全集33　三宅雪嶺集』筑摩書房、一九六七年、三三八ページ。
(6)『定本小川未明小説全集6　評論・感想集』講談社、一九七九年、一五九ページ。
(7) 同右、一六〇ページ。
(8) 同右、一六〇ページ。
(9) 原勝郎『日本中世史』平凡社（東洋文庫）、一九六九年、二〇八ページ。
(10) 石母田正『中世的世界の形成』東京大学出版会、一九五七年、二五〇ページ。
(11) 原勝郎、前掲書、八五～八六ページ。
(12)『新装版　柳宗悦選集　民と美』第7巻、日本民芸協会編、春秋社、一九七二年、一～二ページ。

(13) 同右、二九二〜二九三ページ。
(14) 『新装版　柳宗悦選集　工芸文化』第3巻、日本民芸協会編、春秋社、一二〇〜一二一ページ。
(15) Marshall, Alfred, "Principles of Economics" 9th ed. 1961. 馬場啓之助訳『経済学原理』第四巻、東洋経済新報社、一九六七年、三四ページ〜三五ページ、二四九ページ〜二五〇ページなどを参照。
(16) 馬場啓之助『マーシャル　近代経済学の創始者』勁草書房、一九六一年、二五四ページ以下を参照。
(17) Marshall, Alfred, Industry and Trade, 4th ed. 1923. 永沢越郎訳『産業と商業』第3分冊、岩波ブックセンター信山社、一九八六年、三四〇ページ以下。
(18) 福田正夫『高原の処女　長編叙事詩』新潮社、一九二二年、二〜三ページ。

第四章

国民と近代国家の条件

1　ものづくりは文学のテーマになるか？

ものづくりと文学

ものづくりは近代社会の最も大きな特徴である。

産業革命は大きく世界を変えた。産業革命によって、人類はそれまでとは非常に異なる道を歩み始めた。暮らしも行動様式も社会組織も一変した。しかしそれほど大きな革命だったにもかかわらず、ものづくりそのものは思想のテーマにも文学のテーマにもあまり取り上げられていない。大きな文明論の中で工業化は頻繁に語られるが、ものづくりの現場にまで降りて具体的に工業化が取り上げられることはそれほど多くない。

ものづくりどころか、明治の作家たちはわずかの例外を除いて、職業の現場にさえほとんど立ち入らなかった。評判になった『金色夜叉』の主人公間貫一は高利貸しになるが、高利貸しの仕事について尾崎紅葉はほとんど筆を割いていない。『生さぬ仲』の主人公、真砂子の夫は東洋漁業会社という会社の社長であるが、傾いた会社を立てなおすために金策に走り回る姿は一文字も当てられていないのである。『金色夜叉』は一八九七年に新聞連載が始まって結局未完のまま終わり、『生さぬ仲』は一九一二年であるから大正時代に書かれた小説である。小説に職場の様子がくわしく描かれるようになるのは一九三〇年代になってからのことである。

町工場をこまめに歩いた小関智宏氏のノンフィクションは、ものづくりの世界に生きる人たちを実にいきいきと描いている。日本ノンフィクション賞を受賞しただけのことはあると思うが、小関氏が注視してきたような仕事への文学的関心は戦後になってようやく広がってきたのである。その理由はものづくりにかかわる人たちが非常に多くなったことと、さらに日本が一九七〇年代には押しも押されもしない経済大国になったことによるものと思われる。ＮＨＫのテレビ番組「プロジェクトＸ～挑戦者たち」が高い視聴率を得たことは象徴的である。「プロジェクトＸ～挑戦者たち」は、二〇〇〇年から五年半にわたって二〇〇本近く制作放映された。

戦前の思想や文学の分野では、ものづくりへの関心は細い傍流である。思いつくままにいくつか並べてみても、その数はすぐに尽きてしまう。思い浮かぶのは、石井研堂『明治事物起原』、幸田露伴『五重塔』、白井喬二『富士に立つ影』、宇野千代『人形師天狗屋久吉』、舟橋聖一『悉皆屋康吉』くらいのものである。それとは対照的に、思想家がものづくりにかかわる人びとの営みを軽く見て見下す文章ならば、実に頻繁に見られる。北村透谷の「内部生命論」、夏目漱石が描いた「高等遊民」たち、阿部次郎の人格主義、和辻哲郎の倫理学、小林秀雄らが語った「近代の超克」、保田與重郎が戦時期に書きまくったこと等々、枚挙にいとまがない。戦前に書かれた思想書や文学作品から、ものづくりの現場で日々営々と創意工夫にいそしんでいる人たちに対する尊敬の念が伝わってくることはあまりないのである。

それにしても、それはなぜなのだろうか。

大きな理由のひとつは、資本主義的な機械制生産に対する反発である。そしてもうひとつは功利主義的な思想に対する批判である。

機械制生産の原理と技術を学び、新しい製品開発に取り組むことは、伝統的な陶芸の技や刀鍛冶の技に研鑽することに、まさるとも劣らず敬意を払うべき営みであるが、後者がしばしば文学や評論に取り上げられたのに対して、前者は大学の工学部の教科書に取り上げられる以上には大きな広がりを持たなかった。機械制生産はあまりにも多くの人びとが組織的にかかわる活動であって、ひとりふたりの研究者や技術者の物語がどんなに感動的なドラマを秘めていても、それは組織にかかわる大勢の人たちの中で薄められてしまうのだろう。良きにつけ悪しきにつけ、機械制生産の活動を感動的な物語として描くことは難しかったのである。幸田露伴の『風流仏』や宇野千代の『人形師天狗屋久吉』を読んでみれば、幸田露伴や宇野千代でも、三八式村田銃の開発や富岡製糸場の開業を描くことに魅力を感じたかどうか、はなはだ疑わしく思われるだろう。

幸田露伴は機械制生産が発達することは必然だと考えていた。生産技術の歴史に深い関心を抱いていもいた。しかしその露伴にしても、機械制生産がもたらすものに対して深刻で複雑な思いを抱いていた。一九一四年に出た『修省論』は現代社会について独特の哲学的考察を展開したエッセイ集である。もともとは雑誌『実業之世界』に連載されたエッセイ集であるから、おもな読者として念頭にあったのは都市のホワイトカラー勤労者だっただろう。『修省論』の最後は「生産力及生産者」というエッセイであるが、露伴は機械制生産が発達して生産者が社会の隅っこに押しのけられようとしている、機械制生産の主人である資本家は利益追求ばかりに目が向いていて、その結果「無資本家」はそのために窮状に甘んじなければならなくなっていると論じている。そして最後の文章は露伴らしくない、激した調子になっている。そこを一部だけ引用してみよう。「然し社会は社会の社会だ、世界は世界の世界だ。資本が何だ。資本といふ者は、人が認めてやるから其力があるのだ、認めてやらなければ何の価値も無いものだ。吾人は資本に対する思想を根柢より新にす可き時に達して居るのである。資本を中心にするか。人間を中心にするか。生産力すなはち生産するといふ事功を大切な事として考ふべきか、生産者すなはち生産にたづさはる人間を大切にして考ふべきか」[1]。激烈な結びになっているが、全体として「生産力及生産者」は柳宗悦の民芸論を思わせる内容である。

もうひとつの理由は、いま紹介した露伴の主張にも関連するが、功利主義的価値観に対する反発である。資本主義的生産は自己利益の追求を目的としている。仏師や人形師のものづくりとは、その動機が根本的に違っている。少なくとも表面的には相容れない。相容れないどころか、両者はしばしば敵対関係にある。織物や茶碗や暖簾や船箪笥などの手づくりの日常雑貨は機械制生産が登場するとたちまち劣勢になる。生き残ることさえ脅かされる。このとき人びとの愛惜の情を誘うのは手づくりの仕事である。

柳宗悦は日常何げなく使っている手づくりの雑器の美しさに惹かれ、人一倍深い愛惜の情を感じた。やがて柳は一九二五年に、陶芸家の河井寛次郎らとともに「日本民藝美術館設立趣意書」を出した。こうして機械制生産が手づくりの仕事を圧迫し始めた時代に、「民芸」という思想が生まれ民芸運動が始まった。『風流仏』や『人形師天狗屋久吉』のモチーフと波長が重なり合うのは柳宗悦らの民芸運動である。

ともあれ、仮に官営八幡製鉄所を描いた小説が一九一〇年ごろにあらわれたとして、はたして読者がどのくらい夢中になったか想像すると、あまり評判にならなかったのではないかと思われてしまう。

ものづくりの文学が育たなかった理由をあれこれ穿鑿するのはやぼというものかもしれない。このくらいでやめておこう。以下ではまず石井研堂から始めたいと思う。石井研堂は幸田露伴ら根岸派の文学者たちのひとりだった。

石井研堂の『明治事物起原』

石井研堂は一八六五年に、いまの福島県郡山市に生まれた。吉野作造や尾佐竹猛らとともに「明治文化研究会」をつくり、明治文化史の研究に打ち込んだことで有名である。研堂は小学校の訓導だったが、少年向けの雑誌『小国民』の編集をまかされた。『小国民』は挿絵を多く使った娯楽性のある雑誌で、研堂は少なくとも創刊しばらくの間、記事のほとんどをひとりで書いていたといわれる。(2) 編集者であり著述家であった研堂は、幸田露伴や国木田独歩らの文学者と交友が深かった。没年は一九四三年である。

研堂のライフワークが『明治事物起原』である。その『明治事物起原』が実におもしろい。研堂は技術に強い関心があった。『明治事物起原』は明治になって新しく登場した文物をあらゆる分野にわたって採集した百科事典的な著作であるが、無数の項目の中で比較的大きなスペースが割かれているものは、橋、人力車、自動車、電信、電話、郵便、汽車、飛行機、印刷、ガラス、靴、写真、造船、電灯、ビール、マッチ、紡績といった技術畑の事項である。

こころみにマッチの項目を見ると、元金沢藩士清水誠の名前が見える。清水誠は一八七〇年、フランスに留学し工芸大学に入学した。そして同大学院金星経過測検員となった。たまたま清水はフランスを訪れた政府高官と親しく話し合う機会があった。このとき高官が「マッチのようなものまでが輸入に頼っているのはまことに嘆かわしいことだ」と語ったのに対して、清水は「その製造のごときは、自ら信ずる所あれば、帰朝の後は、奮って斯業を起こすべし」と応じた。

清水は一八七四年に帰国し、翌年、そのことば通りにマッチ製造業を起こした。その工場は最初東京三田四国町にあったが、まもなく本所柳原町にうつった。会社の名前は新燧社といった。はじめはマッチといわず、「摺り付け木」といっていた。初期のマッチ箱には必ずといっていいほど「神仏灯火用」だの「清浄請合」だのの字句が見えた。マッチの原料になっている燐は牛馬の骨から取っているので不浄だ、といううわさが広がっていたからである。新燧社はじめマッチ製造会社は一八八三年ごろには東京だけで少なくとも十二社あった。国産マッチは徐々に輸入マッチを圧倒し、一八九七年までには輸入品は途絶した。

ざっと右のような記述がマッチの項に見えるのである。これを見ていると、もうちょっと周辺を調べるだけで、たちまち一編のものづくり小説ができあがりそうだと思えてくる。フランスでの清水と政府高官とのやりとりや、不浄だとの風説に対抗して「清浄請合」の文字がマッチ箱に書かれたいきさつといったことは作家の創作意欲を刺激するだろう。

石井研堂は少年雑誌の編集の仕事をしながら、そのかたわら明治の近代化について産業考現学的な関心を注いだ。その関心が研堂のどのような社会思想と関係があるのかないのか、そのことにも興味が引かれるが、いまは置く。わたしがここで取り上げたいのは、研堂と親交があり、また研堂と同様に新しい産業技術に並々ならぬ関心を寄せていたと思われる文学者、すなわち幸田露伴である。前項で、幸田露伴が三八式村田銃の開発や富岡製糸場の開業を描くことに魅力を感じたかどうか、はなはだ疑わしく思われるだろうと書いたばかりだが、実は、露伴は陶器の発達だの紙の発明だの、非常に多様な技術の発達に関心を寄せていたのである。いや技術というと狭すぎる。工学的というか、科学主義的というか、近代主義的というか、露伴にはそういう発想が色濃くあった。つきつめていえば、日本という新興国がしっかりした近代国家として発展するためには、国民はどんなふうに自己の個性と能力を発揮し、力を合わせていかなければならないか、という問題意識である。

こういう問題意識を持った文学者が稀有だったことは、断るまでもないであろう。いやそういってしまうと、語弊があるかもしれない。政治小説に始まる大衆小説の流れを無視することになるからである。わたしがいいたいのは、一八八五年に書かれた坪内逍遥の『小説神髄』を起点に置き、そこから二葉亭四迷や北村透谷を経て自然主義に至るような近代文学の発展経路だけを見ると、たしかに露伴は例外的な存在に見えてしまうということである。

近代文学の中の幸田露伴

一八九〇年ごろには、坪内逍遥がやっと文学固有の新しい理念を宣揚したばかりだった。そのころ、一方で一足先に隆盛をきわめた政治小説から、他方で「民友社」や「政教社」などを拠点にした人びとの論説を含めて、広い意味での新文学が次つぎと名乗りをあげていた。文体も漢文調、雅俗混淆文、戯文、言文一致体が出そろった。文体は文章が表現しようとする内容や、書き手の思考様式と密接に対応していた。そうして一八九〇年代の中ごろには、徳富蘇峰や陸羯南や三宅雪嶺のような政論家から仮名垣魯文のような戯作者までを星雲状に含む、はば広い文章世界が成立していたのである。文章熱は子どもたちの間にも広まっていて、早くも一八七七年には『頴才新誌』のような投稿雑誌があらわれていた。

こういう広がりの中から、文壇、すなわち狭い意味での文学や文学者の世界が結晶していったわけであるが、藤村や秋声や白鳥やの自然主義の作家たちばかりでなく、鷗外や漱石のような高踏派も、荷風のような耽美派も、明治の文学者たちは程度の差こそあれ、自己もしくは個の内面の分析に心血をそそいだ。そして、そのときに彼らを支配していたのは、西洋的な世界観の衝撃だった。

中でも印象的なのは民友社系の文学者たちである。彼らは西洋の思想に強い憧憬を示した。北村透谷はラルフ・ワルド・エマーソンの超越主義（transcendentalizm）に心酔し、宮崎湖処子や国木田独歩はウイリアム・ワーズワースのロマン主義に傾倒した。エマーソンは宇宙をワーズワースは田園を主題にし、ふたりとも直観（インスピレーション）の重要性をとなえた。直観によって世界の原理に迫るという思想は、それ自体としては人類社会のあちこちに見られる。仏教にもある。しかし、あるいは、だからというべきかもしれないが、修行によって悟りに到達するとか、夢枕に菩薩が立つといったかたちではなく、大自然のふところに抱かれる感動によって神の摂理に接するという思想は、それまでの日本人にとっては未知の世界観であり自然観だった。

透谷や独歩もふくめてのことだが、おもに自然主義の作家たちを中心に考えてみよう。自己の内面に関心を注いだ反面、彼らは社会そのものに対しては受け身で、もしくは傍観者だった。文学者が国家や政治のあり方を文学の主題とし、それに真っ向から取り組むという態度は、政治小説が一八九〇年代を最後に消えていく過程でいったんは消滅してしまう。一方、山路愛山と北村透谷の「人生に相渉る論争」などを経て、新しい文学をめざす人びとの間ではまもなく自然主義への傾斜が明確になっていった。誤解を招きやすい表現だが、こと政治や国家のことがらに関する限り、明治の文学者たちは江戸時代の戯作者の線に後退していったのである。伊藤整が戦前の文学者を「逃亡奴隷」と呼んでいるのは、そういう側面を言い当てたことばである。

明治の文学者の中では、帝国陸軍の軍医であった森鷗外が、陸軍軍医として新国家の建設に能動的にかかわるべき立場にあった。ただ鷗外は医者でありながら、医学を主題にした小説も、科学を取り上げた小説も書かなかった。学問を取り上げた小説はあるが、それは歴史学である。考えてみると、これは訝しいことでないであろうか。とにかく、われわれはいま述べたような通念の縛りの中で、幸田露伴をいかにも特異な存在と見てしまうのである。なぜなら露伴は国民国家の建設に強い関心を持っていたし、しかも露伴には社会工学的な発想があったからである。露伴のそういう関心をあらわすものとしてわかりやすいのは、一八九九年に書かれた『一国の首都』である。

政治小説から大衆小説につらなる系譜には『経国美談』や『浮城物語』を書いた矢野龍渓もいるし、『富士に立つ影』を書いた白井喬二もいる。しかし政治小説から大衆小説へとつづく文学といわゆる純文学はずいぶん性格が違う。そして純文学の分野では、幸田露伴はどう位置づけたらいいか戸惑う存在なのである。幸田露伴は夢幻的耽美的な小説をたくさん書いている。芸術至上主義的な一面がある。しかし個人の内面を覗き込んでいるようには見えない。登場人物の個性は行動によってきわだっているが、内面によってきわだつことはないのである。少年文学も多く書いた。『二宮尊徳翁』の口絵には薪を背負って読書している立ち姿の少年が描かれていて、それが戦前にどの小学校の校庭にも見られた二宮金次郎像がつくられるきっかけになったといわれる。露伴は修養論などの処世論も書いたが、それらを合わせて古い儒教道徳の信奉者だったと考える向きもある。そもそも露伴は小説をほとんど書かなくなってから、さまざまな考証に打ち込むようになっていて、驚くほど博覧強記だった。とても文学者の枠にはおさまり切らないのである。

2　幸田露伴の思想と国民の条件

『五重塔』にあらわれたものづくりの世界

幸田露伴の代表作のひとつに数えられる初期の名作『五重塔』は芸術至上主義をうたったロマンと見られることが多い。だが『五重塔』こそ、まさしくものづくりを主題とした文学なのである。そしてそういう視点で見ると、近代のものづくりを描く小説として、まことに興味深い構成を持っているのである。

『五重塔』は一八九一年から九二年にかけて発表された小説である。井原西鶴ばりの雅俗混淆文で書かれており、これまで『五重塔』を露伴の工学的な殖産興業主義のあらわれとしてとらえた研究者はいなかった。むしろどちらかといえばその前に書かれた『風流仏』や『一口剣』の延長に位置するものとして、一種の芸術至上主義につらなる作品としてとらえられてきた。露伴は創作に憑かれた職人や芸術家を描き出そうとしたという見方である。

しかしそういうとらえ方では、幸田露伴という作家の全体像は明らかにならないし、露伴の全体像の中に『五重塔』を位置づけることもできない。つまり五重塔は仏像や名刀と同じく美術工芸品の仲間に入れられるべきではなく、マッチ製造や都市計画や軍艦やと同列に並べられるべき存在なのである。『五重塔』で露伴が描こうとしたのは、国民全体がどのようなスクラムを組んで近代化を推進するべきかということに関する構図であった。そこにかくされているのは露伴が理想とした産業社会の縮図である。『五重塔』は『風流仏』とのくくりにおいてではなく、『一国の首都』の線において位置づけるべき作品なのである。

『五重塔』で露伴が表明しようとしたのは、どんな構図だったのであろうか。念のため物語のあらすじを振り返っておこう。

感応寺では五重塔を普請することになった。さてこの大事業を請け負うのはだれか。著名な大工の棟梁の川越の源太であった。ところがここに十兵衛という大工がいた。十兵衛も腕利きの大工だったが、世故たけたところがないために仕事をとることが下手で、いつも貧乏していた。ところが十兵衛は今度ばかりは五重塔を手がけたくて手がけたくて仕方がない。彼は世話になっている源太に対抗して、感応寺の朗円上人に自分にさせてほしいと訴えた。十兵衛はミニチュアモデルまでつくってプレゼンテーションするという熱の入れようだった。

源太は十兵衛を仕事に参加させることにした。ところが十兵衛は自分ひとりでしたいといって拒絶した。結局十兵衛の熱意の強さにおされて、朗円は思案の末、十兵衛に仕事をさせることにした。しかし十兵衛は大勢の人手を使って仕事ができるかどうか未知数だった。世間の人びとは、はたして十兵衛が仕事を仕上げることができるかと、うわさし合った。

十兵衛のつくった五重塔は見事なものだった。落成式の前夜、大嵐がやってきた。寺のものはおそれあわてて十兵衛のところに駆けつけてくるが、十兵衛はびくともするものかとまったく動じなかった。五重塔は小揺るぎもしなかった。

と、だいたい以上のようなあらすじである。

さて物語の視点について考えてみよう。小説を読むとき、読者は何らかの立場に立って読んでいるものである。たいていは、高いところからそれぞれの登場人物の動きを眺めているとか、主人公の立場になっているとか、である。そしてその視点は著者があらかじめ指定しているのである。では『五重塔』の場合はどうかというと、主人公は十兵衛だが、物語の視点は十兵衛の中にはない。源太の側から十兵衛に向かっている。というか読者の心は自然に源太に重なり合うように書かれていて、読者は源太の側から十兵衛をとらえるようになっているのである。

どうしてかというと、見事な五重塔を仕上げてあとあとの世まで名を残す十兵衛だったが、その十兵衛とはどんな男かといえば、これが何とも無愛想な男なのである。十兵衛は「のっそり」とあだ名されている。動作がゆっくりなのだろうが、それより何より人情の機微にうといところが、いかにも「のっそり」なのである。たとえば十兵衛が仕事を受けると決まったとき、源太は自分が受けたときのために前々から準備していた資料を十兵衛に渡そうとする。ところが十兵衛ときたら、ただ「いらない」とにべもなく拒絶してしまう。せっかく源太がはからってくれたのに、その気づかいにありがとうのひとつもいえない。そして源太を怒らせてしまう。まったくもって無礼なのである。もしも十兵衛のような男が近くにいたら、こんな嫌な性格の男と付き合うのはご免だ、と思わせる。というわけで十兵衛に感情移入して読むことは難しい。

そんな十兵衛を、大工の頭領、川越源太は少し離れたところから見守っている。ならぬ堪忍するが堪忍とばかり、いいたいこともぐっと呑み込み、腹におさめ、和を大切にする。いやただの「和」ではない。五重塔建設という一大事業を成しとげるための和である。

本来なら自分のところに来たはずの仕事であった。それなのに源太は自己一身の名誉にこだわらず、最高の五重塔を建設するためにはどうふるまうべきかということに焦点をすえて行動した。敢えて身を引き、十兵衛に仕事を譲った。それでこそ男というものではないか、と源太はひそかに自負している。源太こそ男の中の男である。この「男」という誇りが源太の支えなのである。ある意味ではまことに良き男ぶりを発揮した川越源太こそ、この物語の本当の主人公である。

物語は落成式のとき、朗円上人が十兵衛と源太を引き寄せ、ふたりの功績と栄誉をたたえるというところで大団円を迎える。いかにも日本的な、まるで歌舞伎か新派劇のような筋の運びである。

十兵衛という人物の性格設定において芸術至上主義というテーマにギリギリまで接近していながら、ストーリーそのものは新派劇よろしく八方丸くおさまるというスタイルである。同じようなテーマで連想するのが芥川龍之介の「地獄変」であるが、「地獄変」に登場する絵師の良秀は、地獄絵図を描きたいばかりに娘が火炎の中で身悶えているのを眉ひとつ動かさずに写生した男である。それにくらべれば『五重塔』はずっと世俗的で馴染みやすい物語である。両者の違いは芸術至上主義と業績至上主義の違いである。

『五重塔』には、近代日本の「構造」が透けて見えはしないだろうか。

源太が十兵衛に譲り、朗円上人が十兵衛に普請をゆだねる成りゆきは、直接的には日本的な義理人情の世界である。しかしよく考えてみると、そこから透けて見える構図がある。その構図はちょっと目には「地」として沈み込んでいるので見えにくいが、よくよく目をこらして見るとはっきり「図」として浮かび上がってくる。近代化という国家目標が、庶民的な義理人情の世界を動員しながら国家のイニシアティブによって着実に推進されていくという、われわれになじみ深い構図である。五重塔建設というものづくりを共通目的として、才能ある職人が思う存分力をふるえるように、施主も業界の有力者も力を合わせて支援するのである。

第一に、『五重塔』の世界は、自己中心的だけれども才能のあるエリートの育成をめざした明治の政治の姿を映しており、そして民衆に対してそんなエリートに協力したり忍従したりすることを促した近代日本の構造に、そのままただちにではないにせよ、どこかで重なっている。才能はあるが、世間知に乏しく自己中心的なエリートたち。そして彼らを盛り立てる庶民。前者が十兵衛に、後者が源太に、それぞれ重なる。十兵衛はわがままだけど頭だけは良い学歴エリートにダブり、源太はグラストップの「庶民にして忠良なる臣民」を想起させる。

朗円を伝統的な共同体の取りまとめ役に見立てるとすれば、彼は日本国家のために、自己の政治的影響力を駆使しながら、能力本位で若いエリートを起用していく。こういう決定はおそらく、ついこの間までの庶民には受け入れがたいことだったに違いないし、であるから、もしこれが維新前のできごとだったら朗円は十兵衛でなく源太を起用したであろう。露伴は十兵衛の起用という点に『五重塔』という小説のサブテーマをすえ、それによってこの小説が明治の小説であることの意味を示したのである。

こうして見ると『五重塔』は、一見芸術至上主義に近いように見えながら、実は近代日本の「構造」を描き出している、産業社会のあるべき姿を描き出している、そしてその「構造」が読者の心をとらえたのだ、とはいえないか。

朗円は事業を重んじた。源太と十兵衛をはかりにかけて、より立派な仕事ができるのは、源太でなく十兵衛だと見抜いた。いやこうかもしれない。源太に仕事を委ねても十兵衛は協力などしないだろう。十兵衛はしょせんそういう男である。一方十兵衛に仕事をさせたらどうか。源太の人柄からして彼は協力せずにはいられないだろう。そうすれば塔を建てるのはひとりではない。ふたりである。そのほうが心強い。朗円はそう読んだとも解釈できる。

源太もまた、事業を第一に考えていた。源太は、十兵衛の力量の並々ならぬものであることを感じていた。何より十兵衛には五重塔のミニチュアをつくって示すというプレゼンテーションをしてまでこの仕事を手がけたいという意欲があった。というわけで源太は十兵衛に栄誉ある仕事を譲った。そればかりか彼自身、かげで十兵衛に手を貸そうとまでしたのである。

こうして主要な登場人物のすべてが事業の遂行を最優先目標として行動した。彼らは事業の遂行という共通の目標に向かって、それぞれの立場で明示のまた暗黙の連携をしつつ進んでいく。いや進んでいかなければならない。これが『五重塔』のテーマである。そしてその真っ直ぐの延長には、近代日本の国民国家の課題が見えてくるのではないだろうか。

『五重塔』は「ものづくり」の世界を描いた小説である。物語の筋道の中で登場人物たちが何を最優先したかを考えてみればいい。それは事業をなすこと、であった。源太は彼がつちかった政治力でもって周囲の不平不満を抑え込む。ばかりかその政治力こそが、彼自身の不満をぐっと抑え込むのに力を尽くしたのである。名を惜しむがゆえ、源太は十兵衛に仕事を譲った。そして自らは後衛に回り、十兵衛が思うさま力をふるえるようにお膳立てを整えた。

こうしておもな登場人物のだれもが、五重塔の建設という事業を第一に考えている。自分の名誉だの、相手の人柄だのは二の次である。人びとは事業達成という共通の目的によって、見えない網にからめとられているようなかたちで、相互に結びつけられているのである。『五重塔』は「ものづくり」の物語である。洋の東西を問わず、ものづくりの世界が文学に描かれるのは稀である。狭い意味でのの近代日本文学において最初に隆盛を誇ったのは硯友社であり次に自然主義だった。いずれもものづくりには、まるで無縁の世界を描いた。そういう意味で『五重塔』は稀有の作品だといわなければならないのである。

次のようにもいえようか。この時期の幸田露伴は昭和の高度成長期における司馬遼太郎の役割を果たした。その時代のリーダーが獲得するべき発想、態度、向上心の型を示し、しかもよくグラストップとの架け橋たるべきことを示した。司馬遼太郎は世界と東洋と日本の文明史的な視界の中で日本のリーダーのあり方を提示したが、幸田露伴は東洋と日本の文化史の中でリーダーのあり方を造型しようとしたのである、と。

幸田露伴と政教社

幸田露伴が『露団団』ではなばなしく文壇にデビューしたのは一八八九年だった。並び称された尾崎紅葉が『二人比丘尼色懺悔』を書いたのも同じ一八八九年であった。しかも露伴と紅葉は同じ年齢である。ふたりにはいろんな縁があり、たとえば同年一二月にふたりはそろって読売新聞社に入社した。ふたりとも淡島寒月と付き合いがあり、寒月から井原西鶴を紹介されて夢中になって読んだ。だからふたりとも文体に西鶴の影響が認められる。そのころの小説の文体といえば江戸以来の戯作の文体か、または新しい政治小説に使われた漢文の文体かであった。それに対してふたりは、西鶴に学んだ短いセンテンスの文章を書き始めた。

紅露逍鷗と称された。紅は尾崎紅葉、露が幸田露伴、逍は坪内逍遥、鷗は森鷗外である。いま生年を見ると、紅葉・露伴は一八六七年生まれである。このほかに夏目漱石も同年の生まれである。

これらの人びとはそれぞれの仕方で新しい文学を世の中に送り出し、文学の概念を変えた。そしてそれまで戯作者として低く見られていた文学者に対する社会の評価を高からしめた。とくに鷗外は帝国の栄えあるエリート軍医だったし、逍遥も東京大学卒業で、私立大学の教授だった。露伴と紅葉は、新聞社に籍を置き新聞に小説を書いた。露伴ははじめ『国会』や『読売新聞』に、紅葉は『読売新聞』に、である。露伴と紅葉は毎日出社しないまでも社から俸給を受け取る身であった。露伴は『国会』を離れた後、しばらく春陽堂の『新小説』の編集長をしていた。

露伴は文壇の人士とのまじわりを好まず、文士たちから距離を置いた。早稲田派の人びとのように、身辺のできごとをありのままにさらけ出し、みっともない愛欲生活を暴露したり、哲学的な煩悶に身悶えしたりするのが文学だという文学観には到底共鳴できなかったのである。何より彼らの自堕落な生活態度に真面目な露伴は我慢ならなかったのであろう。

伊藤整は「露伴はこの頃、内省的には仏教的な悟りによって人間が自己救済をなし得ること、また行動的には努力と勤勉と善行によって自他の生活を安定し得るとし、そこに現代人の道徳を考えていた。露伴のこの道徳は一面で東洋的諦観であり、一面では明治時代に是認されていた立身出世意識の適用であって、……(3)」と評している。伊藤はここで露伴の「仏教的な悟りによる自己救済」を、透谷や独歩のキリスト教的な煩悶や正宗白鳥のニヒリスティックな煩悶に対置し、露伴の「努力と勤勉と善行」を自然主義の文学者たちの、自堕落な生活ぶりの上に開き直った「現実暴露の悲哀」に対置しているわけである。

露伴と透谷や独歩との対比は良しとしても、わたしは伊藤整のとらえ方にはとても賛同できない。露伴は東洋的諦観にとらわれていたわけでも、立身出世意識にとらわれていたわけでもなかったのである。露伴の視野はもっと広かった。近代国家のあり方と、それを担うにふさわしい国民の生き方に真っ向から取り組んだのである。それを東洋的諦観とか立身出世意識といったことばでしかとらえられないのは、文学者の視野の狭さを白状しているようなものである。

少しそのあたりのところを見ておこう。

露伴は志賀重昂や三宅雪嶺など政教社の人びとと近かった。新聞『国会』の記者であったが、政教社の志賀重昂はその『国会』紙の主筆であったし、三宅雪嶺も同紙にかかわっていた。

一八九〇年代は、潮目が欧化から国風へと逆流する境目にあり、伝統的なものの再評価があちらこちらで起こってきた時代だった。それまで政府は条約改正交渉を進めるため極端な欧化主義の政策をとってきた。いわゆる鹿鳴館時代である。舞踏会がさかんにおこなわれたが、これが大いに人びとの眉をひそめさせた。欧米人は男女混淆を好む。それに阿諛追従(あゆついしょう)して舞踏会などを開き、男女の笑いさざめく「醜声」を立てている。こういうことどもが日本人の道徳観念を破壊してしまうのではないかと、人びとは危惧した。はては国字をローマ字にするべきだの、人種改良のため白人との混血を進めるべきだのという論までもが説かれた。これではそもそも日本人というものがなくなってしまうではないか、という憤慨の声が上がった。しかも、それほどまでに欧化の努力をしても条約改正はうまくいかなかった。政府は何をしているのか、という批判が渦巻いていた。

　こういった批判の思潮を代表したのが一八八八年に創刊された雑誌『日本人』だった。これは三宅雪嶺、志賀重昂ら政教社の出した雑誌である。政教社のメンバーはいずれも官立大学校の卒業生（東京帝国大学と札幌農学校）だった。官立大学校は政府に仕える官僚を養成するための学校である。その卒業生が堂々と政府のしていることに対する批判の論陣を張ったのだから、当時の感覚としてはこれは驚愕の事態であった。藩閥官僚は大いに狼狽した。

　政教社の人びとは国粋主義をとなえ国粋保存を訴えた。国粋主義というと、いまでは反動という語感があるが、当時の国粋は反動ではない。『日本人』第二号に掲載された「『日本人』が懐抱する処の旨義を告白す」には、国粋の意味が簡明に述べられている。これは志賀重昂の手になる文章で、それによれば「日本の海島を環繞せる天文、地文、風土、気象、寒温、燥湿、地質、水陸の配置、山系、河系、動物、植物、景色等の万般なる囲外物の感化と、化学的の反応と、千年万年の習慣、視聴、経歴とハ、蓋し這裡に生息し這際に来往し這般を覩聞せる大和民族をして、冥々隠約の間に一種特殊なる国粋（Nationality）を剏成発達せしめたることならん」[4]。これが国粋であった。すなわち国粋とは国民性のことにほかならなかった。

国粋保存をかかげたが、彼らは西洋文明の移植を全面的に拒否したわけではない。それどころか、進んだ西洋文明を導入するのは当然だと考えていた。ただしそのために日本人の国民性をねじ曲げてはならないというのが彼らの主張だった。上の文章を書いたのは編集主幹の志賀重昂であったが、志賀は「日本人」創刊号に、政教社がめざすところを述べて、当代の日本は創業の日本であるから、政治経済文化の万般にわたってどのような制度を選択するかが喫緊の課題となっているとし、そのうえで、けれども日本人のアイデンティティを破壊するような欧化はなすべきではないと論じている[5]。

以上のように日本人の国民性を大切にしなければならないということが国粋保存主義の理由のひとつであったが、そこにはもうひとつ重要な理由が重なっていた。それは対外的独立に関する危機意識である。そのことは第一章で陸羯南の「狼呑」と「蚕食」の議論を紹介したところですでに述べた。

国粋保存主義は西洋文明の摂取を頑なに拒絶することを呼びかけたのではない。政教社の人びとは、西洋文明の主体的な取り入れを当然のことと見ていた。ただそのときに日本人のアイデンティティは必ず保持しなければならない。そうでなければ植民地主義の影がいつかは日本の上にも忍び寄るであろう。日本人のアイデンティティを保持するためには、保存しなければならない伝統的要素がある、ということを主張したのである。露伴の思想はこのような考えと同じ基盤に立つものであった。

もちろん露伴には国学者に見られるような日本の固有性への執着はない。露伴の思想はユニバーサルであって、ものづくりのわざ、創意工夫と勤勉努力の尊重、ひとつことをきわめること、冥利名聞にこだわらないことが価値観の中核を占めている。露伴は漢籍に通じ該博な知識をたくわえていたが、日本であれ中国であれ西洋であれ、一意専心に事物の成り立ちに迫ろうとすることに対して、深い尊敬を抱いていた。

露伴が書いた少年向けの読み物

露伴は石井研堂、遅塚麗水、松原二十三階堂らのジャーナリストと付き合い、毎月「最好会」という集まりを持った。そういう交際半径の中で露伴は、理想美の追求、古典に対する深い造詣を示すことによって、文学に対する社会的評価を高からしめた。

ところで幸田露伴の思想がいちばんはっきりとあらわれているのは少年向け読み物である。少年向け読み物には『五重塔』や『いさなとり』や『風流仏』や『天うつ波』といった大人向けの小説からはうかがうことができない露伴の顔が見えている。

露伴は若いころ少年向けの読み物をたくさん書いた。その多くは石井研堂の求めに応じて、石井の編集する『小国民』に掲載された。『小国民』が廃刊になったあとは、やはり石井がかかわる『今世少年』や『実業少年』に掲載された[6]。

露伴の少年向け読み物は、偉人伝、創作説話、人生訓が多い。夢幻的な創作も書いたが、何といっても目を引くのは偉人伝である。露伴は偉人を好んで取り上げたが、取り上げた人物は二宮尊徳、日蓮上人、伊能忠敬、玄奘、ロバート・フルトン（蒸気船の発明者）などであり、その中に武将はほとんど含まれていない。いずれも探究心に富み、努力をおこたらず、ひとつの道をきわめて、後世のために何ごとかを成しとげた人である。言い換えれば文明文化の発達に貢献した人である。楠木正成を描かず、伊能忠敬を描く、というところに露伴の意図と思想がすけて見える。

『文明の蔵』は陶器、紙、銃器、仮名の発明発達を追いかけ、詳細な事実を積み重ねながらもわかりやすく読み物にまとめたもので、いわば技術史である。露伴が文明の発達に強い関心を寄せ、それに貢献した人を尊敬していたことがよくあらわれている。『文明の蔵』にはかなり長い緒言がついている。その緒言は茶碗であれ、小刀であれ、みんな人間がつくり出したものである、というところから始まっている。いま茶碗をみると、裏底に五助と書いてある。五助というがつくったものである。では五助は自分で茶碗を考え出したかというとそうではない。六〇〇年あまり前に加藤四郎左衛門藤原景正という人がいてその人が瀬戸ではじめて陶器をつくったのである。茶碗ばかりではない。衣類でも何でも「人間(ひとのよ)のものは必ず造りはじめし人ありて造り出されたるものなり」[7]。かたちあるものばかりではない、郵便制度のような仕組みも人間がつくり出したのである。露伴はここまで書いて、読者に対して、ものづくりに苦労した人たちの功績に思いをはせるように促す。そしてその先が見どころである。露伴はつづける。戦争のことを書いた本を戦史という。戦史には男の中の男、俊傑の中の俊傑として、人びとの尊敬を浴びている人が大勢いる。けれども、文明史のうえにあらわれる人びとのほうが戦史に登場する人びとより、ずっと好ましい人びとではないだろうか。戦史に名を残す人びとは、火をつけ城を壊し人を殺し土地を奪い取った人びとである。われわれの幸福に貢献した人びとこそ尊敬すべき人びとではないだろうか。

ひとつことをきわめて文明の発達に貢献すること

このようにして露伴は少年読者に対して、どんな分野であってもいいから、創意工夫と探求と努力によって、ひとつのことをきわめ、文明の発達に貢献する人となるように説いたわけである。ここで工夫と探求と努力といったが、それは人が職業を選ぶときの動機になるわけである。そして重要なことは、家業であるとか親の言いつけだということが、工夫と探求と努力をする対象を見つけることとは関係がないということである。

露伴は『二宮尊徳翁』を書いた。二宮尊徳は、貧窮した家を再興することに力を尽くした。父を早く亡くし一六歳のときに母も病没したので、兄弟三人はばらばらに親戚に引き取られた。尊徳は万兵衛という縁者に引き取られたが、未開の土地を耕して収穫を得た。そうして荒れ果てた生家にひとり戻り、粗衣粗食に耐え、人手に渡っていた田畑を買い戻した。そして家の再興に成功すると、その後は請われて小田原藩政の立て直しに尽力して立派な成果をあげた。尊徳は金治郎といった子どものころ、朝早くに山に入って薪を取り、芝を刈った。帰りにそれを売ってお金にした。何とか学問をしたいと、『大学』の本を行き帰りに読んだ。『大学』は『中庸』『論語』『孟子』と並ぶ儒教の四書のひとつである。この逸話が薪を背負って読書する負薪読書の二宮金治郎像になって、戦前は小学校の校庭に置かれたりしたものだったが、実をいうと露伴の『二宮尊徳翁』の口絵に描かれたのが最初だったということである。(8)

少年時代から刻苦精励して没落した家を再興したくらいだから、二宮尊徳は能動的で行動力のあるタイプだった。親の言いつけや村のしきたりに従順に従うような人物ではなかった。尊徳は自分の力で自分の運命を切り開いた。露伴は『二宮尊徳翁』の結びに、「先生は博学多才の人にあらずして悟道得真の人にあらずして博学多才の人よりも尚大に世を益せし人なりと云ふべく、先生はまた悟道得真の人よりも尚高く世に秀たる人なりと云ふべし(9)」と書いている。工夫と探求と努力の道はいたって世俗的で実務的な自己実現の道なのである。そうしてそれは博学多才とか悟道得真といった人格完成の道よりも高く評価されているのである。

工夫と探求と努力の対象は国家的な栄達とも関係がなかった。『真西遊記』は玄奘三蔵の半生を描いた物語だが、偉業を成しとげた玄奘を見込んで皇帝は朝廷に出仕せよとしきりに求める。しかし玄奘は自分の道はそこにはないといって応じない。その態度を露伴は賞賛する。人はそれぞれに進むべき道があることを露伴は示唆しているわけである。露伴は『真西遊記』のところどころで、年若い読者に生き方の根本を説いている。たとえば冒頭では、玄奘の事績は実に賞賛すべきものだが、玄奘は仏教の僧であったので、中国の歴史家は粗略に扱ってきた。けれども異なる宗教のことだからといって、みだりに退けることは賢明ではない。教理について究明し正しいか正しくないか論争するのはいいが、異なる宗教の人のおこないだからというだけの理由でこれを退けるのは公平な態度ではないと述べている。思想やイデオロギーが違うからといって、異なる立場の人間の真価を見ようとしないのは正しい姿勢ではないというわけである。露伴の文章を引いておこう。「教義を論ずる上にては釈子を退け破するもよし、儒道を浅しといふもよし、基督教を取るに足らずと云ひ倣さむもまた可なりといへど、人を論ずるに当りて直ちに其人の信ずるところの道によりて取捨せんとなし、又或は其事実をも斥けんとするは真に誤れり(10)」。

露伴は近代国家を支える国民の条件を考えることに力をつくした。それも、どちらかというと大人向けの人生論よりも、子ども向けの人生訓のほうがいきいきしている。ひとつことに集中して、自分にしかできない創意によって社会に貢献する。自由で、のびやかで、異質な他者に対する包容力がある。勤勉実直で遊蕩にそれることがない。そういう人物になったらどうかと、露伴は示唆したのである。

この主張は大人向けの人生論にもつらぬかれている。一九一二年に出た『努力論』では、たとえ運命と嘆きたくなるようなできごとに見舞われても、先見の明がなかったのだと自分を責め、もう一度努力しようと立ち直る人物に、やがて成功が訪れないとは限らないと論じて、運命のせいにせず努力することをすすめている。運命のせいにしないということは、社会のせいにしない、他人のせいにしないということにほかならない。自分の運命は自分の力で切り開いていく、そういう姿勢で生きることが大切だというのである。「すべて古来の偉人傑士の伝記を繙いて見たならば、何人も其の人々が必らず自ら責むるの人であつて、人を責め他を怨むやうな人で無い事を見出すで有らうし、それから又翻つて各種不祥の事を惹起した人の経歴を考へ検べたならば、必らず其の人々が自己を責むるの念に乏しくて、他を責め人を怨む心の強い人である事を見出すで有らう。否運を牽き出す人は常に自己を責めないで他人を責め怨むものである」[11]。少年向けの読み物ではすがすがしい説得力のあった主張が、同じことを論じていても大人向けになると、とたんに自助努力をこえて適者生存の響きを伴ってしまうのである。

雑誌『成功』は一九〇二年に創刊された、立身出世雑誌とでもいうような雑誌である。夏目漱石の小説『門』にも歯科医の待合室に『成功』が置いてある場面が登場するから、当時はよく読まれた雑誌だったのであろう。創刊号に特別賛成員、名誉賛成員の名前が並んでいるが、露伴の名前は六人の特別賛成員の筆頭にあがっている。ほかに巌本善治、徳富猪一郎（蘇峰）、村上専精、井上円了、志賀重昂が特別賛成員だった。露伴の思想の性格が浮かび上がるような顔ぶれである。

なおひとつ付言しておきたい。日清戦争ごろの少年雑誌には、「豚尾」などといって弁髪を揶揄するなど、徹底的に清国人を馬鹿にする文章や絵がたくさんのっていた。作家たちは民族的敵愾心を刺激する読み物をいくつも書いた。泉鏡花など、中国人をとことん侮蔑する物語や、白人に対する敵愾心を刺激したりする物語を書いている。しかし露伴にはそのような文章はひとつもなかった。漢籍を自由自在に読みこなし、小説の中で架空の書物を取り上げ、それが実在すると読者に信じ込ませた露伴であったから、中国文化を尊敬しこそすれ、中国に敵対したり中国を軽蔑したりするこころはなかったのである。

3　政治思想の根底にあるもの

露伴の都市計画論『一国の首都』

幸田露伴は江戸文化や漢籍仏典についての該博な知識を持っており、露伴といえば東洋的な教養を身につけた代表的な人物と目されている。しかし政教社の人びとが伝統的な文化の墨守を叫んだのではなかったように、露伴は江戸文化の基礎の上に富国強兵路線が敷かれることを期待したのではなかった。むしろ逆である。志賀重昂の日本風景論が江戸の文人趣味とは一線を画す立場から書かれたように、露伴もまた江戸文化の延長線上に近代日本を建設できるなどとは少しも考えていなかった。それどころか江戸文化は好色な軟弱文化であり、そういう基盤の上に富国強兵を実現することはそもそも不可能だと露伴は信じた。そしてその確信は、東京に乗り込んできて、欲望のおもむくまま、したい放題している薩長藩閥の人士の驕りに向けての批判と重なり合っていた。露伴はプロテスタンティズムの倫理の東洋版ともいうべき人間像を理想としたのである。

東京はいやしくも一国の首都である。それが、いつまでも軟弱な江戸文化の遊興の習慣を残し、外から乗り込んできた薩長の人士が、その退廃の風習に馴染んで歓楽にふけっていたら、東京は一国の首都たるにふさわしいであろうか。一八九九年に書かれた『一国の首都』は、東京の都市計画を論じた論文であり、都市計画論として見ると世界的にもきわめて早い時期に書かれたものといわれる。(12)『一国の首都』は非常に多方面から都市としての東京のあり方をきめ細かに論じたもので、露伴の視野の広さに驚かされる。しかしまた露伴はしきりに道徳の退廃を憤慨していて、全編に、売淫がはびこることについての危機感が表明されている。部分的にはあたかも江戸東京売淫史の観すらあるほどである。その点では何だか奇妙な首都論なのである。しかしよく読んでみると露伴は性道徳の退廃をそれ自体として嘆いているのではなく、性道徳の退廃が自然を征服しようとする意思力や社会公共へのまじめな関心、何より日々こつこつと勤勉に働く生活態度と両立しないこと、したがって性道徳の退廃が近代国家建設に不可欠な道徳的資質を衰退させることを真剣に危惧しているのである。おもしろいことに、道徳の退廃に対する慨嘆が、都市工学的な発想の底辺を支えているのである。

たとえば露伴は次のように論を進めている。東京の都市改造にはいつも反対論が起こった。市区改正のときも、馬車鉄道を通したときも、東京湾築成のときも、新施設新経営に反対論が起こった。しかしこういう旧套墨守の態度が進歩発展を疎外するのだ、と。そして露伴はつづけて、「蓋し都府の堕落の真の原因は必ず、常に消極観を抱きて常に自然の力を過重する萎縮せる人士と、常に全般に対しては無意義の態度を保ちつゝ一身に対しては執着強き、自己中心主義の人士との増加に基づく」[13]と激しい口調で論難している。露伴のいう「萎縮せる人士」と「自己中心主義の人士」、ふしだらな快楽の追求に身を落としているのは、そういう人士なのである。

露伴は、いってみれば楽観的な科学主義の信奉者であった。文明による進歩の観念を信じていた。新日本の進むべき殖産興業の道は、地道でたくましい建設の道である。それは決してのっぺらぼうな安易な道ではない。そのためには飽くことなき挑戦の精神、技術革新に取り組む地道な努力、ひとつことに全精力を集中するための克己心、粘り強く精進する持続力、等々の資質が要求される。謹厳実直かつ勤勉で誠実、意思力に富んだ人間でなければ務まらない。つまりは『五重塔』ののっそり十兵衛のような資質である。そして新しい国民国家建設の道は、厳しい努力と探求が累積した、その積み重ねの延長上にある。技術の粋をきわめた職人仕事、緻密な計数と地道な実験に取り組む精神、そういうものは色恋や遊興にばかりふけっていたらたちまち蝕まれてしまう。つまるところ、性道徳の退廃は文明の進歩を阻害するであろう。遊冶郎には文明の進歩を担えない。露伴はそう信じていた。それにはしっかりした新道徳を確立しなければならない、というのが露伴の考えだった。

こういう視点を持っていた点で、近代日本の文学者の中で、露伴はきわだって異色である。その証拠に、純文学作家といわれる作家の中で露伴のように都市計画にはっきりした興味を見せたものは、森鷗外を除いてほかにいなかった。都市問題といえば森鷗外の都市論も思い出されるであろうが、しかし鷗外は軍医であり、医学者として都市衛生に見識と関心を持っていたのである。そしてそういう観点から鷗外は都市計画について議論した。それはドイツの新知識を活用しての専門家としての議論だった。

では市区改正は文学者の目にどのように映ったであろうか。田山花袋の自伝的小説『時は過ぎゆく』や同じく花袋の回想記『東京の三十年』に市区改正に関する記述がある。『東京の三十年』には「市区改正」の項があり、道路の拡幅、橋梁のかけ替え、火消し地の撤廃、水道工事など大規模な工事がおこなわれたことが書かれている。牛込の山の手の町の通りはすっかり掘り返されて泥濘に化し、足駄でも歩くことができなかった。そこに泥鼠のようになった人足が作業をしていた。工事が始まる前にふるさとの鹿児島に帰った友人が、工事のあとに久しぶりに東京に出てきたが、あまりの変わりように呆然としていた。花袋はそんなことを書きとめている。これが当時の文壇主流に属する文学者の視線だった。

都市に対するまなざしという面では、田山花袋の小説を手ひどくこき下ろしていた夏目漱石だってそれほど違わない。一九〇七年、上野公園で東京勧業博覧会が開催されイルミネーションが評判になったとき、夏目漱石は『虞美人草』に、「苟も生きてあらば、生きたる証拠を求めんがために、イルミネーションを見てあつと驚かざるべからず」と書いた。道路工事で道が泥沼になったと書くのに比べて、花袋と漱石の姿勢にいくらの違いがあったわけではない。

市区改正は東京の一大改造計画だった。一八八四年、東京府知事の芳川顕正が『市区改正意見書』を出したことから始まったといわれるが、それ以前にも田口卯吉、渋沢栄一らの提言があり、松田道之の取り組みがあった。そして一八八八年、軍備増強が先だとする元老院の反対を押し切って東京市区改正条例が成立した。

東京市区改正計画では都市衛生のため上下水道もつくる計画だったが、何しろ莫大な費用がかかるので、まず上水道ということになった。政府は一八九三年に、淀橋浄水工場の建設に着手した。花袋の『時は過ぎゆく』に描かれているのはこのときの工事の様子である。実はこの工事は着工まですったもんだした。伝染病はなくしてほしいが、金がかかる新式水道で住民のふところが痛むのは困る。それに技術面での研究が足りないのではと、地元の有力者を先頭に工事中止の意見がわき上がった。さらには用地買収も難航した。何とか主要部分の完成にこぎつけたのは、五年後の一八九八年のことだった。

さかのぼって明治の東京建設をふりかえってみると、一八六九年、東京遷都がおこなわれてのち、銀座の赤煉瓦街が建設され、新橋横浜間に鉄道が開通した。文明開化のうねりの中で人びとは日進月歩で文明の利器が登場するのを興奮の面持ちでながめた。しかしその一方で、西南戦争が起こる一八七七年ごろまでは、新政府に対する反感や旧旗本御家人の恨みの声は東京の巷に満ち満ちていた。であるから政府にとっては首都の人心収攬が大きな課題だった。そのことも見逃してはならないだろう。

近代都市の成長、これは本来、文学の課題でなければならなかったのではないだろうか。だがだれも書かなかった。そういうことを考えると、小説にこそ書かなかったが露伴はたしかに異色の文学者だった。そのことは確認しておかなければならない。ただ技術に対する関心の寄せ方が、技術そのものというよりも、それをめぐる人間模様に重心を置いているとはいえるかもしれないし、もっといえば露伴の科学文明はせいぜい大工技術のレベルだったともいわなければならないかもしれない。少なくとも小説家だったころの露伴はそうである。

しかしそれは無理もなかった。一八九〇年代の作家たちには、資本主義や産業文明の本質に想像をはせることは土台無理な話だった。だから尾崎紅葉の『金色夜叉』の主人公、間貫一は、高利貸しになった。紅葉にしたところで、強欲な金持ちといえばせいぜい高利貸ししか思い浮かばなかったのである。紅葉には、間貫一を産業資本家に仕立てることは思いも及ばなかった。

露伴の資本主義観も、もしかしたら似たり寄ったりだったかもしれない。ただ紅葉にくらべれば、露伴の視野はずっと広いし具体的である。はるかに現実社会に志向する力が強く、その意味で足が地に着いているのである。やがて露伴は長編『天うつ浪』を中断して以後、いったん小説の筆を折り、学問的な考証の世界に移っていった。つまりますます技術そのものにまっすぐ焦点を当てるようになっていったのである。といってもここでいうのは広い意味での技術であるが。露伴がどこまで資本主義のメカニズムを理解していたかははっきりしないが、しかし露伴には渋沢栄一伝がある。露伴と栄一、いかにも似つかわしい組み合わせではあるまいか。

文壇との距離

早くから文壇で大御所と見なされ別格扱いされた露伴であったが、露伴の文学は同時代の文学者たちからは必ずしも敬意を払われなかった。たとえば正宗白鳥はしきりに露伴は古いといっている。その中からいくつか白鳥の言葉を拾ってみよう。『文壇人物評論』の「幸田露伴論」で白鳥は「……当時、青年の悩みを悩み、時代の空気に感染してゐた私には、露伴氏の作品は、神経の太い、頭の古い、古武士の書物のやうに思はれていた[14]」。露伴の『風流微塵蔵』を評して「私は読みながら、露伴氏の思想の古さを感じた。人生観察の古さを感じた。かういふ小説が打噺されてゐたのを見ると、自然主義の起つたのも無理はなかったと、私は事新しく感じた。『文章のための文章』が、一時極端に排斥されたのも無理はなかつたとも思はれた[15]」。このような白鳥の評価は、当時の文学者たちのかなりの部分に共有されていたと考えていいであろう。

白鳥がいう露伴の思想の古さとは何か。文体の古さではない。漢学や江戸文学に精通していたという意味でもない。人間や社会や歴史やを受けとめる、その思想そのものの古さを、白鳥は指摘しているのである。

では古さというのはどういうことか。それを考えるには、白鳥が『何処へ』の著者であることを思い浮かべてみればいい。『何処へ』の主人公の菅沼健次は、愛とか真理とか正義とかといっても、しょせん人びとが自分の都合のためにつくり出した利己的な概念でしかないと疑っている。生きることの意味が見つからずに煩悶懊悩している。もちろん露伴にも生きることの意味や社会正義についての思想がないわけではないのかけらも見えない。ところが露伴の描く人物はだれにも、そういう煩悶懊悩のかけらも見えない。しかしその考え方の筋道がいかにも古い。青年の心をとらえないのである。白鳥がいおうとしているのは、生きることの意味や人間性の本質に関する哲学的な考察の質的な古さのことである。通常「近代的自我」といわれるそれが露伴の思想には見当たらないということである。

それもある。しかしわたしはもう少し違う点から考えるべきではないかと思う。「一国の首都」を読んでいると、新しい社会の建設に立ち向かっていこうとする社会工学的なたくましさを感じる。それはやはり露伴の新しいところである。ただし露伴が書いた小説には、個人のたくましさは幾重にも書き込まれているが、社会の大きな構造をつくったり変えたりしようと自覚している者たちの姿は描かれていない。露伴は明治の殖産興業を動かした人びとの思想や行動に小説の題材を求めようとはしなかった。そういう点で露伴には、二月革命の理念を鼓吹したヴィクトル・ユゴーのような視野はなかったのである。

とにかく露伴が堂々と東京の都市計画を論じたのは、いかにも明治的な新しさである。逆に白鳥やその他の自然主義の作家たちには、そういう視点は少しもない。くどいようだが、そのことは白鳥の盟友であった花袋の市区改正に関する記述とくらべてみれば、はっきりわかるであろう。現実社会に対する個人の実感はあっても、それを起点にして新しい社会の建設に立ち向かおうとする視点は欠けているのである。白鳥に露伴は古いなどという資格があったかどうか、まことに疑わしいといわざるを得ない。

白鳥が露伴は古いと感じ、自然主義が勃興した意味がいまさらのように納得されるというとき、白鳥は近代日本の文学がヴィクトル・ユゴーやトルストイのような社会構造そのものに切り込むタイプの文学を生まなかったことの歴史的な限界をまったく意識していない。久米正雄が「私小説と心境小説」（一九二五年）でバルザックもトルストイも通俗小説だといった、そういう価値観と近いところに白鳥は立っているのである。久米正雄は自他ともに認める通俗小説の書き手であったが、その久米までが、私小説こそ真の意味で文学の根本であり、その中でも、つくりものの要素を排した極限にあるのが心境小説であると述べた。そして『戦争と平和』も『罪と罰』も『ボヴァリー夫人』も、所詮はつくりものであり、「偉大なる通俗小説」に過ぎないとまで断じたのだった。

しかし、いずれにしても露伴の社会工学的な新しさは決して無視されるべきではない。ただし露伴の新しさと見えるところも、いったん「貧乏の説」などに接すると、とたんに色あせてしまう。このことも指摘しておかなければならない。そうでなければ公平を欠くというものである。露伴はおとな向けの人生論をたくさん書いているが、それは意外に世俗的で月並みなのである。

貧乏の説

露伴の子ども向けの人生論は読みごたえがある。なるほどと思わされる。ふところが深いのである。ところがおとな向けの人生論になると、とたんに自助努力が前面に出てきて、あまり考え抜いていないように見える保守的な社会観がすけて見える。それこそ正宗白鳥のように「古くさい」といいたくなるのである。もっとも、それなら正宗白鳥に『一国の首都』の向こうを張るような堂々たる社会論が書けるかというと、それこそとても期待できないだろう。

「貧乏の説」は一九二五年一月に『婦人世界』に発表された短い随筆である。当時は社会主義が台頭しつつあった。そういう状況の中で、露伴は、貧困についてどう考えるかを聞かれたのである。「貧乏の説」における露伴の語り口はユーモアに満ちているが、その茶化すような筆の運びには、どことなく貧乏というテーマそのものを見下ろしているふうがある。そんなものはとるに足らないことであり、だからこれまであまり深く考えてみたことはなかった、といわんばかりの書きぶりである。社会主義に対する無関心という以前のものがある。

ここで露伴が語っていることを要約すると、だいたい次のようなことになる。

貧乏は昔からあったし、富者に対するやっかみも昔からあった。それなのに最近になってことさら貧乏が問題にされるようになったのは、結局のところ、貧乏を嫌うことがはなはだしくなったためである。そして憂慮すべきことは、貧者は富貴な者を仇敵のごとく見なして憎み、富者は貧乏人を愚か者のごとくに見なして憎み、その結果社会に亀裂ができて険悪な状況になっていることである。

貧乏はなぜ生まれるのか。社会組織の不合理から発生するという面もあるにはあるが、たんにそれだけではない。それだけならば、富者が貧者になったり、貧者が富者になったりはしないはずだが、いつの世にも貧富の入れ替わりは生じるのである。ではどうして貧乏が生じるかというと、最大の原因は個人の性格である。第二は、自然が与える欠陥である。第三は不意のできごとである。第四は他人の所為によって、つまり競争に敗れるということである。第五は不道徳である。このような個人の性格の欠陥がその人を貧乏の境に落とすのである。

しかし貧乏にも効用がある。貧乏はいわば冷たい水である。冷たい水を浴びて人は発憤する。貧乏は天の配剤と考えたらいい。だからなまじ貧乏人に手を差し伸べないほうがいい。以上のように述べてのち、「一寸逃れの道を講じてやらないで、真の親切を以て徹底的に其人が貧乏の淵より這上る勇気を出すようにして欲しいのであります」と、露伴は以上のように語っている。まるでマルサスやハイエクのような発言である。

これは社会主義に触発された対抗イデオロギーというようには見えない。若いころ露伴が新聞『国会』の記者であったことは先に述べた。そのとき随時掲載された「折々草」に、露伴は「醒飢病貧」と題した単文を書いている。そこで露伴は「醒、飢、病、貧、我之を四妙となす」とし「酔飽健富は是れ人天の交接を妨げ親和を碍するの大奸大賊……、醒飢病貧は正に是れ悍馬を制するの羈繮なり荊鞭なり」と書いている。(16) 一九二五年の小論はこの論のそっくり引き写しである。

運命とたたかう。運命に立ち向かっていく。個人の道徳としてなら、それはいい。しかし貧乏は人が発憤するための試練にすればいい、などというのはお粗末な発想ではないだろうか。無責任というといい過ぎだろうが、社会的弱者に対してあまりにも冷たい態度である。少なくとも責任を持って国民国家の建設にたずさわるべき人間にはふさわしくない態度である。

その意味で露伴はやはり古い人間であった。繰り返しになるが、古いというのは、ひとりひとりの人間の福利に対して無神経だという意味である。しかも同時に露伴は、明治権威主義体制において十分に安全な思想の持ち主でもあった。露伴には、永井荷風や佐藤春夫が大逆事件に直面して深刻な衝撃を受け、政治には決してかかわらないでおこうと決心したような懸念は無用だったのである。

近代文学の中の露伴

日本の近代文学は、透谷から白鳥の道へ、つまり自然主義の道へ進んだ。そして文学者たちは、大逆事件を境にして、ますます社会建設の視点から自分たちを遠ざけるようになっていった。『破戒』

を書いたとき、島崎藤村は社会建設の設計図をつくろうとする立場に立とうとしていた。ところが藤村はその立場をしっかりと追求しつづけなかった。藤村は『春』から『新生』へと、自然主義の道に乗り換えたのである。部落差別を告発した『破戒』の延長で明治国家体制の社会矛盾を追求するより、自分が姪を妊娠させたことを告白するほうが（『新生』）、彼にとってずっと安全だったからである。そしてありていにいえば、それが明治国家における自由の本当の姿だった。

漱石や鷗外にしても例外ではない。人民の異議申し立てに対して極端に警戒的だった政府を前にして、文学者たちは自己防衛のために無意識のうちに自己の視点を制限していった。どういう社会を建設するかという問題を、とりわけ個人の内面と新社会の制度や規範の関係について政治的な要素を含んだ観点から考え抜くという視点を、維新後半世紀も経たないうちに、早くも文学者たちは捨ててしまった。

もう少しさかのぼっていえば、矢野龍渓や東海散士は、血湧き肉躍る政治小説を書いたくせに自分のことを文学者とは思っていなかった。そして他方で坪内逍遥らは矢野らの文学を不当なほど低く評価していた。両方とも自分らが同じ精神の共同体に住んでいるのだという意識を持たなかったのである。そのため両者を包みふくむ文学共同体は形成されなかった。文学者のサークルが非常に狭い範囲に限定されてしまった。自然主義だの私小説だのを文学の王道ととらえる奇態な文学観が成立した理由のひとつはそこにあった。

その点、露伴には、部分的であれ政治的問題や社会規範に対して能動的に発言しようとする姿勢があった。何しろ彼の思想は、そういう発言をしても大丈夫なだけの、イデオロギー的に安全な場所に存在していた。それが正宗白鳥のいう「古い」ということの本当の意味である。露伴は古いという正宗白鳥の発言には、その点についての評価もふくまれているといって差し支えないであろう。

幸田露伴の「大戦観」

露伴は第一次世界大戦の結末を受けて「大戦観」と題する短い文章を書いている。短い文書ではあるが、科学技術の発展を踏まえた現実主義的な視点に立脚した、洞察の行き届いた文章である。

今次の大戦はすさまじい破壊をもたらしたが、次に戦争が起こったらその破壊力はもっとすごいことになるだろう、と露伴は語っている。「矢張、此後とても今度の大戦に勝るものが、生ずると想像した方が、歴史的に正比例の考である。然るに、此大戦に懲りて、人類はもはや戦争などはしないだらう、と思ふならばさういふ観察は歴史的に成立しない観察である」。

しかしだからといって平和を望むより、次の戦争に負けまいとするほうを諸国は選ぶだろう。「(然し、)其処に我々の深く思はなければならない一事は、凡そ国と人とを論ぜず、かゝる大戦を再び起すまいと考へる考よりも、戦の勝利者となり敗北者となるまいと考へる考の方が確かに強い、と云ふ点である。平和を考へるのは誠に美しい考である。然し、勝利者にならんとする考の方が、国に取つても人に取つても、より近い、より強い望みである。見よ、斯かる大戦が終わつたに係らず、亜米利加は更にその海軍力を増すことに躊躇しないではないか。仏蘭西は何うである、敵をして再び起つ能はざらしむの設計に余念ないではないか。英国は如何、世界に於ける自国の繁栄を持続するに全力を注いで居るではないか。その他伊国にせよ我が日本にせよ、各々万一の場合にあつて有利状態に立たんことに激しい希望を持つて居ることは欺かれないのである」[17]。

そのように述べておいてから、付け加えるようにして、とはいえある種の統合が起こっていると露伴は指摘している。統合とはなにか、社会問題、デモクラシー、国境である。

「然し、さは云ふもの、唯違ふ処は、恰も小ひさい川が段々末になって大きい河となるが如く、這般の大戦は少くともいろいろの問題を段々統合して来た観はある。それは、遂に河流が海に入るやうに、世界の終局に近づけたといふ効があった。経済問題、食料問題、労働問題、宗教問題、是等の諸問題が、段々と小ひさいものから大きいものとなつた。即ち、小問題であつたものが大問題となつて来たことは確かに此大戦の賜と云はざるを得ない」[18]。

そう語っておいてから、独特の表現で個人的なことと世界的なことが融合することの意味を語っている。わかりにくい表現、というよりまるで他人事のような表現だが、要するに世界の政治のあり方が変わったことを指摘しているのである。以下、露伴の主張を羅列してみよう。

「然し、さればとて全世界といふことを標榜していろ〳〵のことを考へたからとて、それは所謂痴人の大企画であつて、何ら益もないことである。唯、今後に於ては、卓絶した人が世界を一目に瞰渡して、そうして各人に適切だという点に考へ及び、個人及び全世界というものを裏から見て表とし、表から見て裏とし、一つにした処に自己の考を結びつけて世界に宣伝しなくては多数に容れられぬ。今、さういふ事の前駆とも見られるのが過激派の思想とか、おとなしくてデモクラシイの流行とか、又は社会主義であるとか、さういふものは何れも皆世界的であって同時に個人的のものである」。

「換言すれば、這般の大戦は何国となく国家といふことについてその威力を殺ぎ初めて居る、是等が即ち大戦の効果と云へば効果といふことができる」。

露伴のことばは今日の時点から見れば予言者じみている。戦争の破壊力はますます大きくなるであろう。そして国家が社会に対する統制力を減じている。露伴のいう裏と表はまさしくこのとき歴史を激動させる力として日本社会の内に胚胎していた。一方はデモクラシーであり、他方は軍人である。そして事実、もっともっと破壊力の大きな戦争が二〇年ほどあとに起こったのである。

幸田露伴は尾崎紅葉と並び称された明治の大文豪である。一八八〇年代末にいち早く近代文学の世界を切り開いたが、ある時期から創作の筆を折り、該博な知識を駆使して独特の深い考察や考証に従事するようになる。

註

（1）『露伴全集　評論5』第28巻、岩波書店、一九七九年、二三八ページ。
（2）復刻版『小国民』別冊、不二出版、一九九九年。上田信道の解題。
（3）伊藤整『日本文壇史4　硯友社と一葉の時代』講談社、一九七四年、三三一ページ。
（4）『明治文学全集37　政教社文学集』筑摩書房、一九八〇年、九九ページ。
（5）『日本人』の創刊号に掲載された「『日本人』の上途を餞す」には、彼らのめざすところのありかが次のように宣言されている。「当代ノ日本ハ創業ノ日本ナリ、然レバ其経営スル処、錯綜湊合、一ニシテ足ラズト雖モ今ヤ眼前ニ切迫スル最重最大ノ問題ハ、蓋シ日本人民ノ意匠ト日本国土ニ存在スル万般ノ囲外物トニ順適恰好スル宗教、徳教、教育、美術、政治、生産ノ制度ヲ選択シ、以テ日本人民ガ現在未来ノ郷背ヲ裁断スルニ在ル哉」。また志賀は「予輩は徹頭徹尾日本固有の旧分子を保存し旧原素を維持せんと欲する者に非ず、只泰西の開化を輸入し来るも、日本国粋なる胃官を以て之を咀嚼し之を消化し、日本なる身体に同化せしめんとする者也」と述べている（「『日本人』が抱懐する処の旨義を告白す」一八八八年、同右、一〇一ページ）。
（6）関谷博『幸田露伴の非戦思想　人権・国家・文明―「少年文学」を中心に』平凡社、二〇一一年、四七ページ。

（7）『露伴全集　少年文学』第11巻、岩波書店、一九四九年、二四一ページ。
（8）関谷博、前掲書による。
（9）『露伴全集』第11巻、一一七ページ。
（10）同右、一一七ページ。
（11）『露伴全集　評論4』第27巻、岩波書店、一九五四年、三三五ページ。
（12）「一国の首都」が発表されたとき、文士のくせに政治に口を差し挟むのはどうかという批判があったといわれる（塩谷賛『幸田露伴　上』中央公論社、一九六五年、三五〇ページ）。当時における文士もしくは文学というものの観念の狭さと、そういうものとして文学の役割を限局しようとした明治の権威主義体制の抑圧的性格を物語るエピソードである。と同時に露伴の文学者としての特異性が浮き上がって見えるエピソードでもある。
（13）『露伴全集』第27巻、五四〜五五ページ。
（14）正宗白鳥『文壇人物評論』中央公論社、一九三二年、三一七ページ。
（15）同右、三一八〜三一九ページ。
（16）『露伴全集　随筆3』第31巻、岩波書店、一九五六年、二一ページ。
（17）『露伴全集　拾遺下』別巻下、岩波書店、一九八〇年、五〇ページ。
（18）同右、五一〜五二ページ。以下の三つの引用も同書五二〜五三ページ。

第五章

全体と個

1　全体と個

全体と個は思想史のうえでたいへん重要な概念である。といってもいつも全体ということばがつかわれるとは限らない。あるときは世界であったり、あるときは宇宙であったり、あるときは永遠の時間であったりする。とにかく、さまざまな異質なものをふくみ込む閉じられた空間のようなもの、数学でいうと集合のようなもの、を思い起こしていただきたい。それがここでいう全体である。集合と集合の元との関係、それがここでいう全体と個の関係である。

人間は大宇宙の中に生きるごく微少な存在であり、悠久の時間の中の一瞬の存在である。ちっぽけな、あぶくのような存在である。それとともに、人間はさまざまな生命と共存している。時空をこえて、鳥獣と共存し、花や虫と共存し、先祖とも共存している。もちろん異なることばを話す人びととも、職業や性や年齢の違う人びととも共存している。大自然のふところに抱かれて空を見上げるとき、鳥のさえずりに耳をかたむけるとき、人は自分の小ささを意識し異質な他者との共生を意識する。たとえば星と人間、雲雀と人間というふうに、である。

平塚らいてうは、森田草平との心中を果たせず、塩原温泉の奥の峠で死の淵から夜空を見上げたときの感動を語っている。らいてうは学生時代、人間存在の秘密に迫ろうとして座禅に打ち込んだ。国木田独歩は晩秋から初冬にかけて武蔵野の林を散歩していて、風にそよぐ木の葉のかすかな音に「永遠の呼吸」が身に迫るのを感じている。独歩に影響を与えたのが、イギリスのロマン派詩人ワーズワースである。ワーズワースは田園の動物を神秘に満ちたものとしてうたい、郭公（かっこう）の鳴き声にも神の摂理を聞いた。

右のような感情を最も直截に語ったのは北村透谷（とうこく）かもしれない。透谷は「内部生命論」の中で、人間は宇宙の造化に対して畏敬の念を抱く、人間の生命の源泉は宇宙の造化につながっているのだ、と述べている。透谷によれば、そのつながりを確かめさせるのが「インスピレーション」すなわち直観である。「畢竟するにインスピレーションとは宇宙の精神即ち神なるものよりして、人間の精神即ち内部の生命なるものに対する一種の感応に過ぎざるなり」と透谷は述べている。(1) わたしが、いまここでいいたい「全体と個」とは、透谷のいう宇宙と人間の関係のような関係のことである。透谷によれば直観が全体と個をつなぐ働きをするのである。透谷はインスピレーションが人間の魂を高みに導くと考えた。

透谷はラルフ・ワルド・エマーソンの超越主義（transcendentalism）の強い影響を受けていて、伝統的な東洋思想を全否定する傾向があった。だから西洋崇拝に近い心性を持っていた。たとえば他界観ひとつとっても日本人は遅れているのだなどと論じている。「他界に対する観念」という評論で、透谷は日本人の他界観と西洋人の他界観を比較し、後者の他界が超越的な他界なのに対して日本人の他界は現世の延長にあるに過ぎないと述べている。竹取物語と謡曲の羽衣を例に取り上げて、竹取物語の仙女は人界に生まれて人界を離れ、羽衣の天女は人界に降りてきてしばらくとどまり人界を去る。ともに帰るところは月である。超越した存在なのではない、というわけである。

他界観の違いから日本人は遅れていると結論するのは思想としてナイーブではないかといいたくな

るが、日本人は遅れていると断言したくなるほどに、透谷はエマーソンの思想に心を揺さぶられたのである。宇宙と人間の関係をどうとらえるかということひとつとっても、明治の日本人にとって西洋人の視点は驚きだったわけである。

もちろん東洋に全体と個についての思考がなかったわけではない。朱子の理気二元論などは、宇宙と人間の双方に、理と気という同一の原理がつらぬいているという思想であり、何でも説明できるという意味で非常に精巧にできた理論だった。仏教の本覚思想に草木国土悉皆成仏ということばがあるが、これもまた全体と個を関係づけようとする思想だった。理気二元論や本覚思想が超越主義に劣っているとはかんたんに断定することはできない。

全体と個の関係を、東洋思想にはなかったまったく新しい観点から説明しようという努力は、いち早く明六社同人の思想にあらわれている。津田真道（一八二九～一九〇三）はその最右翼ともいうべき人物で、実証主義的な論理によってあらゆる事象を説明しようという意欲を示している。津田は幕末に「性理論」を書いて、朱子のいう「気」をエーテル説で説明していた。

ついでにいえば、のちに津田は宇宙に存在するものは星であれ地球上の生物であれすべて物質であると考え（「唯物論」）、人間の性欲は汚れたものではなく肯定すべきであると主張した（「情欲論」）。津田真道は二〇世紀後半の人間観や世界観に共通するものを多く持っていて、注目すべき存在である。一方、透谷は性欲の肯定どころかキリスト教的な霊肉二元論の立場から処女性の大切さを強調したのであるから、同じく西洋派の知識人であっても、津田真道と北村透谷はまったく対照的だった。だがここでは津田真道のことはおいておこう。

思想が全体をつかみ取るとき

日常生活の中で人は全体に接することはない。人が全体に接するのは極限的な、あるいは非日常的な経験を媒介にしてである。その極限的非日常的な経験で人は畏怖や驚異や神秘や摂理を感じ、その中に世界の秘密が開示される鍵を見つける。と、こんなことをいっても具体的に例示しなければ、わたしのいいたいことはわかりにくいだろう。具体的にいえば、たとえば西田幾多郎が「純粋経験」の概念にたどり着いた瞬間が、ここでいう極限的な経験である。西田はすべての人間が「純粋経験」を持っているのだということから、だから「純粋経験」は実在なのだという思想に飛躍した。「純粋経験」の側から見れば、すべての人間はそこに包摂されているわけである。ちょうど歴史というものがあって、人びとはみな歴史に包摂されているのと同じように。こうして西田において、「純粋経験」と個人との間に、全体と個という形式が成り立った。それは日本独自の近代哲学が誕生した瞬間だった。

一九一一年に出版された『善の研究』は「純粋経験」から書き起こされている。それは西田幾多郎が四一歳のときであったが、このあと西田は「場」の論理を切り開き、晩年は「絶対矛盾的自己同一」の概念にたどりつく。いずれも全体と個というモチーフを発展させたものだった。西田哲学の影響はきわめて大きく、そのあと田辺元、高橋里美、高山岩男、三木清ら多くの哲学者が、全体と個の関係を論じた。そのときに用いられた論理が弁証法である。ただし、わたしは西田とその他の哲学者たちとは全体と個の問題の立て方において根本的に違うのではないかと考えている。たとえば高山岩男の場合には、個人が集まって民族になる。民族は個人の集まりから成るひとつの全体である。この場合、民族はひとりひとりの人間の集合体である。これに対して西田のいう純粋経験や場はひとりひとりの人間の集合体ではない。歴史が人間の単なる集合体でないのと同様である。だが、このことは別に論じたい。いまは全体と個という問題がどのような問題であったかを見ておきたいだけである。

綱島梁川（りょうせん）は療養所の窓辺に、ある晩、神々しい光が差すのを見た。そのとき霊感が働いて、彼はそこに神が降臨していると感じた。その瞬間もまた、わたしのいう極限的な経験である。個々の人間を包み込んでいる創造主という全体が、たしかに存在するのだという確証を病床の綱島梁川は得たと信じたのである。実は西田幾多郎は、梁川がこの体験を『病間録』（一九〇五年）に書いているのを読んで、深い感銘を受けている。

もうひとつ例をあげてみよう。国木田独歩は障がい児を見た瞬間に、彼も自分も同じ人間だという共生の感覚を覚えた。障がい児と自分は異なる世界に属しているのではない。人間という全体に障がい児と自分はともに所属していると感じたのである。その瞬間が、ここでいう極限的な経験である。人は異質なものとのえにしを感じるときに、自己と他者とのえにしを成り立たせている場の存在を感じる。いま場といったが、それは神であったり、宇宙であったり、人類であったり、歴史であったりする。繰り返しになるが、わたしがいいたいのはその場のことである。その場が全体なのである。

政治における全体と個

人間は他者と自己との間に形而上的な、あるいは神秘的な関係性を感知したときに、その関係性を成り立たしめている大きな時空の存在を直観する。そうしてそのときに把握された時空が全体である。

とはいえ人間が他者と自己との間に形而上的または神秘的な関係性を感じとるのは極限的非日常的な経験である。ふつうは、人間の意識は自己と他者との関係の向こう側に向かってまでは働かない。山道で野鳥のさえずりを聞いたら、いつも大自然の驚異に打たれるわけではないし、だれかと団らんしていたら、いつも人類同胞のきずなというものに心がふるえるわけではない。いうまでもないであろう。

さていままで述べてきたかぎりでは、全体と個は人間の根本的な思考形式のひとつであり、何も政治思想に限るテーマではない。どちらかといえば神秘主義的、存在論的、哲学的、形而上的、宗教的な発想であり、政治のような利害得失のうずまく我欲と紛争の世界には縁がないように見える。それはだれにも否定できまい。ところが、である。政治には全体と個に関する命題を、否が応でも人びとに呑み込ませずにはおかない強い力が働いている。その王朝が成立したのは天意が働いているからだとか、王権は神が授けたのだとか、ひとつの民族はひとつの国家をつくるべきだとか、人は一般意思に服するのだとか、さまざまな論理が政治体を根拠づけるためにつくられている。政治は全体における営みである。ひとつの共同社会に、まとまりと意志を与えるもの、すなわち統合と秩序、および統治の意志を与えるものが政治である。そうして統合と秩序と統治の意思を根拠づけるためにしばしば全体と個という論理が呼び出されるのである。そしてそこには論理的な無理、飛躍、つまり歪曲が必ず働く。

共同社会を構成する人びとは、ひとりひとりみな異なっている。そして政治の力が働かなければ、彼らがつくり出す関係性は本来的に多様であり自由である。夫婦や親子の関係は千差万別であるし、個々の売り買いも売るものと買うものとのその場その場の合意によって決まる。政治は統合と秩序維持の必要から、家族関係についてのしきたりや慣習を制度化し、商取引についてのルールを定式化する。断っておくがこの場合の政治はむき出しの権力を伴うかもしれないし、伴わないかもしれない。宗教的な権威が政治的な作用をおこなっているかもしれない。それはともかく、外敵との紛争が生じた際には、個人を兵隊として戦場におくり込むこともある。そしていざという場合に備えて、強制力を持った制度を整えている。その意味で政治は常に全体と個というテーマを引き連れている。あらためて念を押しておくが、ここでいう政治は国家の権力現象のみをいうのではなく、ふたりの人が出会ったときから、家族生活を営んだり、商取引をおこなったり、組織で仕事をしたりするときもふくめ、国家が戦争をおこなうときまで、実に多様な位相にわたっている。

もともと抽象的な思考様式である全体と個というテーマは、政治のようななまなましい現実世界には馴染まない。無理矢理それを政治に持ち込もうとすれば、当然、さまざまな矛盾と抵抗が起こる。実際、政治は、全体と個の思想を非常にデフォルメしたかたちで現実社会に持ち込むものである。政治学に正統性（legitimacy）という概念があるが、正統性という概念が存在すること自体、いかなる政治にも全体と個を関係づける思想が伴うことを示唆している。人類史の古い段階では、それは宗教と結びついていた。われわれが知る最も極端な最近の思想は全体主義であるが、概していえば、フランス革命以来の近代政治思想の中で、全体と個の思想はそれ以前とは異なる力動的な性格をおびるようになったといえる。真っ先に思い浮かぶのはジャン＝ジャック・ルソーの「一般意志」であろうが、多様な個の感動的な結合という要素を最も色濃くおびたのは一九世紀ヨーロッパのロマン派だった。

ロマン派は恋愛賛美、個性の強調、中世へのあこがれとともに、民族主義を主張した。ロマン派は一方では個性を強調しながら他方では民族国家の全体性を主張したのである。それはまさしくルソーに見られる特徴であった。

さて、北村透谷も国木田独歩も政治思想家であったわけではない。透谷も独歩も思想そのものは政治とは無縁である。しかし透谷も独歩も政治にかかわった経験があった。透谷は自由民権運動に挫折したし、独歩は矢野龍渓などの政治家の恩顧を受けた経験がある。そもそも自由民権運動はきわめてロマン主義的な政治運動だった。ロマン主義と呼応するものを実に色濃く持っていた。一八八〇年代に「自由」という概念がいかに民権家を鼓舞したか。パトリック・ヘンリーやウイルヘルム・テルなど西洋の歴史上の人物がいかに人びとをインスパイアしたか。自由民権運動が送り出した詩や演歌や芝居や演説が、いかにロマンチックな情念をかき立てたか。そのことを思い浮かべればいい。ついでに成熟期の自由民権運動が三大事件建白という激しい対外硬の主張を展開したことも忘れないでおきたい。

それでもロマン派の思想の中では、全体と個はある種の節度ある緊張関係をたもっていた。だからロマン派がとなえた主張は、のちに民族自決として公認されるようになるのである。それにくらべるとロシアの文豪フョードル・ドストエフスキーが抱いた全体と個の思想には、強烈なデフォルメの力が働いている。ドストエフスキーは正教会的な全体への没入の思想を抱いていた。シベリア流刑に服したときに、同じ受刑者として出会ったロシアの素朴な農奴たちとの間に、人間としての深いつながりを感じた。ドストエフスキーと農奴とはほとんど対極的な存在である。しかし、そういう人びととの間に霊的な共同体をつくることができるし、つくらなければならないとドストエフスキーは信じた。それによって人間のたましいは救済されると信じた。それがドストエフスキーにおける全体と個である。そしてそのドストエフスキーは非常に激しい反ユダヤ主義者であるとともに、非常に激しい対トルコ主戦論者であった。農奴と自分との関係性を信じることができるのなら、なぜユダヤ人と自分の関係性やトルコ人と自分の関係性を信じることができないのか、まことにいぶかしく思われるが、政治の磁場が働くところでは、人間の紐帯を希求する全体への没入と反ユダヤ主義や好戦性とが矛盾なく共存してしまうのである。

国木田独歩における全体と個

とはいえ繰り返すが、全体と個の思想の起点は、政治ではない。柳田国男の民俗学は時間と空間をこえて多様な日本人がつくり出した民間伝承から、その共通性を探り出そうとした営みであったといえようが、柳田は、ある種の感情や思考の様式はどんな人間にも共通すると考えていた。だから『遠野物語』や『山の人生』などにみられるように、柳田は村人から直接聞いた昔から伝わる説話と、最近起こった事件と、さらには自分自身の子どものころの経験までをも、行ったり来たりしながら、物語をつむぎ出す人間の本性に迫ろうとしているのである。柳田が民間伝承の継承者として「常民」という概念にたどりついたとき、彼は多様な人間をつなぐ共通の性質に言及しているのである。それは西田幾多郎が「純粋経験」という概念を発見したときとよく似ている。柳田自身は常民ではない。常民は日本語を話し水田稲作に従事する人びとである。しかし柳田と常民は、ともに伝承をつくり出す性質を持つ人間として、大きな場において共存しているのである。

国木田独歩の「山林海浜の小民」はもっとわかりやすいだろう。『欺かざるの記』の中で、独歩は「多くの歴史は虚栄の歴史なり、バニティーの記録なり。人類真の歴史は山林海浜の小民に問へ」と記している。[2] 若いころの独歩は人間が存在する意味を求めて煩悶していた。人間は虚栄心や我欲で生きている。それは自分とて同じことだ。だが虚栄や我欲は他者と張り合う欲望だ。人と人とを隔てる働きだ。「死せる蒸気」「腐りたる肉」が自分をはしらせているに過ぎない。人間が少しでも他者をしのぐために生きているのだとしたら、それはあまりにもむなしい。「人間の最暗黒は虚栄空欲の熱之なり。我とても然り。人間生れて地に墜つ、地上の衣は直ちに彼を覆ふ。習慣、伝説、先入、これ彼の宗教となり、哲学となり、誇りとなる。日も月も、此の無限の天、蒼々の色も、見慣れては何の不思議も起らざる也。世間普通の人之を知らず、之に安んず。而して吾は之を知る。故に苦悶苦戦して更に安んずる処なし[3]」。

独歩は一八九三年から約一年、教師になって大分県佐伯に住み、そのとき自分とはまったく無縁な生き方をしている人たちに出会って深い感銘を受けた。その経験がのちに「源おぢ」や「春の鳥」などの作品に描かれている。「源おぢ」は年老いた渡し守が物乞いの少年を引き取って暮らす物語であり、「春の鳥」は知的障がいのある子どもの物語である。独歩とは共通項のない人びとである。そういう人びとを独歩は「山林海浜の小民」と呼び、そういう人びとと自分とが虚栄空欲の隔てなしにつながっていることのあかしを求めようとし、だが得られずに煩悶した。そういう確証が得られないもどかしさについて「苦悶の叫」で独歩は「何故に地上先入の法律は吾を束縛するか。曰く『我』と

『宇宙』との関係に就て、吾が懐く処の思想信念極めて曖昧なればなり[4]」と述べている。ここでいう地上先入の法律とはもちろん、習慣、伝説、先入、宗教、哲学等々である。独歩の視線は自分が属している社会をこえて、多様な人間を共存させる「宇宙」に向かっているのである。

独歩が求めたものにはドストエフスキーが獲得したものに通じるものがある。素朴な感情と理屈に従って生きている人びとを共感的に理解すること、そしてそれをこえて深い連帯感で結ばれること、独歩もドストエフスキーもそれを求めた。そしてドストエフスキーはさらに進んで、そうやって結ばれることを政治に要求した。ちょうど西欧派とスラブ派の思想対立があって、ドストエフスキーはスラブ派の主張に共感した。

一方独歩に、ドストエフスキーにとってのスラブ派に該当するような政治勢力が存在したかというと、自由民権運動がある程度それに当てはまった。欧化に前のめりになっている藩閥政府と、独立と民族主義をかかげる自由民権運動とが対抗していた。自由民権運動は思想としては天賦人権論をかかげたが、そこに集まった人びとは幕末の草莽の志士や農民一揆の高まりがまださめやらぬころであったから、勇ましい自由の気勢を上げて、しばしば自由党指導部を手こずらせた。その気勢が独歩を政治に引き寄せるのであるが、その先に独歩はエマーソンやカーライルに強い影響を受けた。青年独歩の足取りをたどっておこう。

一八八七年、独歩は一六歳のときに上京し、翌年東京専門学校（現、早稲田大学）に入学した。一九歳のとき麹町一番町教会に通い始め、二〇歳のとき植村正久により受洗した。一八九二年、二一歳のとき、独歩はカーライルの『英雄崇拝論』を読んで精神上の大革命を経験した。このころの独歩は、定職がきまらず不安定な毎日を送っていて、『欺かざるの記』には煩悶懊悩のありさまが記されている。

この年の二月、かねて付き合いのあった民友社の丁吉治から『自由新聞』が人を求めているがどうかという打診があった。ちょうど一八九〇年に開かれた帝国議会のあり方が落ち着き始めるころで、自由党は分裂騒動を乗り越え、政府は議会との新しい関係を模索していた。独歩はそのころ『自由新聞』主筆だった金森通倫に面会した。すると金森は新聞事業に専心し自由党につくす覚悟を求めた。独歩は悩むが、人間の価値は職業によって決まるわけではないが、新聞記者は自分に向いている、それに自由党がおかしくなったら自分がその理想を守って奮闘すればいい、と思い定めて入社することにした。

『欺かざるの記』には、そのときの思いが書きつらねられている。たとえば、自分は昂然と胸をはって考えたとして、次のように記している。「自由党の天職は吾が国政の大革新に在り、自由党の精神は自由平等に在り、已に然り、之れ自由党なり、若し或は自由党にして此天職を怠り、此の精神を失はん乎、之れ党員の腐敗のみ、党員の堕落のみ、吾は寧ろ其党員を改む可し(5)」と。

とはいえこのとき、独歩は理想と実社会の隔たりを予期し次のようにも考えている。「凡て青年に限らず『社会生活』のたゞ中に立つ者、殆んど寄生虫ならぬはなし、社会は特色異采を悪み、之を食ひ去る、之に処する者何時の間にか寄生虫となり了はる。……ア、吾果して彼の天地に逍遥し得べき乎、未だ容易に能はざるなり、而も猛省自誡、努め勉めて止まずんば豈に天真と理想とを殺し、希望と平和を失はんや、……(6)」。独歩の心は揺れ動いていたのである。

『欺かざるの記』を見ると、独歩が自由民権運動に立ち上がった地方農民に向かって真っすぐ近づいていく動機は読み取れない。そもそも地方の民権運動についての記述そのものが見えないのである。

2　三宅雪嶺

三宅雪嶺と政教社

ところで明治以後の日本人は、日本という個が人類社会という全体に占める位置と個性を考えたり、ひとりひとりの日本人という個が日本という全体に占める位置と個性を考えたりするようになった。そしてそういう主題に独創的な発想で、しかも非常に大きなスケールで取り組んだのが三宅雪嶺（一八六〇～一九四五）であった。雪嶺は、一方で国際社会における日本の位置と個性を論じ（『真善美日本人』）、他方で宇宙における人間の位置と個性を論じた（『宇宙』）。『真善美日本人』も『宇宙』も、ともに独創的な視点で書かれている。とくに『宇宙』の独創性は際だっている。だが雪嶺はその名声と活躍した時期の長さに見合うだけの評価が与えられてこなかったし、とくにその思考様式の特異性についてはこれまでほとんど言及されてこなかった。『我観小景』や『宇宙』は哲学書としてたいへん興味深い業績であるが、近代日本哲学史においての位置づけさえも十分ではない。

雪嶺は政教社の主要な論客のひとりだった。政教社は国粋主義をとなえたが、その「国粋」はナショナリティの訳語としてつくられたことばだった。何でもかんでも欧化すればいいというのではなく、民族の個性を大切にして足らざるを補い長所を伸ばす方向に進まなければならないと、政教社の人びとは主張した。政教社の思想は、性急な欧化主義に対するロマン主義的な抵抗だった。国粋主義というと、つい一九三〇年代の日本主義を連想してしまいそうになるが、政教社は反政府派の陣営に属しており、論鋒鋭く政府批判の論陣をはった。あまりにその論調が激しいので、機関誌『日本人』はたびたび発行停止処分を受けたのであった。

その中でも国家主義や偏狭な民族主義といちばん距離があったのが三宅雪嶺だった。雪嶺は多様な個性を持つものが集まって、全体の調和をつくり出すことを理想とした。世界の中で日本が占めるべき位置について、日本は個性的な存在として諸民族の多様性の一角を占め、そのことを通じて世界の発展と調和に貢献すべきだと考えていた。

多様な個性が全体の調和をつくり出す。そのことを雪嶺は理想としたと述べたばかりだが、もっと正確にいえば必然的に理想に到達するだろうとさえ考えていた。そういう主張を展開した『真善美日本人』は一八九一年に書かれた。ちょうど議会が開設されて藩閥政府と民党の論戦が繰り広げられ、大隈重信の条約改正案が明るみに出て民間から激しい批判が起こった時期であった。そのような丁々発止のやりとりの当事者であった雪嶺は、そういう議論の応酬がおのずと国家社会の発展をもたらすのだと考えていたのであろう。

さて、政教社は民友社と並び称される言論集団である。ともに明治憲法発布のころに生まれ、当時の思想界をリードした。民友社は一八八七年二月、徳富蘇峰を中心として誕生した。民友社は雑誌『国民之友』を刊行して平民主義をとなえ、欧化を主張した。そして積極的に西洋の思想や文学を紹介した。それに民友社は実にいろいろな革新を率先実行した。雑誌の誌面もそのひとつで、それまで小説は総ルビで組んでいた。漢字にすべてふりがなをつけたのである。そのふりがなも「夫人」と書いて「おくさま」と読ませたり「おくがた」と読ませたり「ふじん」と読ませたりしていたが、『国民之友』はそういうルビを一切なくした。

三宅雪嶺や志賀重昂らは一八八八年四月に政教社を起こし、「国粋保存主義」をかかげて雑誌『日本人』を発刊した。民友社と政教社は好一対で、民友社は欧化主義をとなえ政教社は国粋保存主義をとなえた。明治維新から二〇年、政府は文明開化の道をつき進んできた。西洋の新知識を身につけた人びともようやくふえてきた。政府は条約改正交渉のために鹿鳴館を建設し、そこで仮装舞踏会を開くなど、極端な欧化を演じて見せまでした。その鹿鳴館の夜の賑わいを見て少なからぬ人びとが眉をひそめた。

欧化か国粋か。民友社と政教社はふたつの異なる進路を象徴する存在だった。ただし、重要なのは、欧化と国粋はたんに国家の進路としてだけ論じられたのではなかったということである。『国民之友』はテーブルと椅子と暖炉が備わった居間で一家団欒する姿を描き出し生活改良を促したし、『日本人』は日本の歴史や地理や文化芸術の新しいとらえ方を提示して、それに誇りを持つべきことを強調した。志賀重昂は『日本人』第二号に掲載された「『日本人』が懐抱する処の旨義を告白す」で次のように述べている。「上流社会」と「大先達の学士世界」に蔓延する「日本分子打破旨義」および「塗抹（ナスクリ）旨義」（無理な欧化主義）に対抗して、「国粋保存」を原理として「日本国民」が団結すべきである。ただし「国粋」とは「旧元素の維持」のことではなく、「日本民族」を「変化改良」するために、「宗教、徳教、教育、美術、政治、生産の制度を選択する標準」のことである、と。志賀はまた、「人々個々の間に各自が最特の長処あるを以て、所謂分業なる者起るとなれば、邦国個々も亦長処を以て分業せざる可からざるや知るべし」と述べ、「彼の所謂国学者流の口吻に倣ひ、漫りに神国、神州、天孫等の文字を陳列するものにあらず」と付け加えている。(7) 彼らは進歩と発展の徒であった。

要するに欧化といい国粋といっても、それはたんに国家の進路の問題ではなく、国民全体の人生の問題として、二重の意味を持って提起されたのである。

『真善美日本人』

さて三宅雪嶺は明治の大ジャーナリストで守備範囲が桁違いに広かった。独特の文体をあやつって、政論時論と哲学美学文明論との双方にわたって論陣をはった。雪嶺は初期の代表作『真善美日本人』（一八九一年）の中で、「日本人が自ら日本人の何たるを言ふ能はざるは、今代の知識に欠けずといふべからず」と述べて、民族性の自覚を促した。そしてそれを「国粋顕彰」「国粋助長」と呼んだ。しかし、国粋ということばをつかっていても、雪嶺の主張は排他的独善的なものではなかった。雪嶺は、真善美という普遍的な価値を実現することが国家や民族の責務であり、各民族はそれぞれ協調しながら、この目的実現のために取り組むのである、と論じたのである。「自国のために力を尽くすは世界のために力を尽くすなり。民種の特色を発揚するは人類の化育を裨補するなり。護国と博愛と何ぞ撞着することあらん」(8)。自民族の特徴を守ることは国際協調と何ら矛盾しない。それぞれが民族の特徴を発揮することで、世界の調和と発展に貢献するのだ。それが雪嶺における全体と個の理念だった。世界の諸民族という全体の中で日本という個はその個性を通じて全体の調和と発展に寄与するのである。

しかし個性を守ることは伝統を墨守することではない。雪嶺は大日本帝国憲法が発布された年の五月に雑誌『日本人』に「余輩国粋主義を唱道する豈偶然ならんや」という短い評論を書いて、「旧来の制度に拘泥し、旧来の風俗習慣を維持せんとするは其本意にあらず、仮令日本固有の風俗にても、日本特造の習慣にても、其他制度にても、国産にても、今日国家の処世上に適応せざるものあらば、宜しく之を打破すべし、何ぞ旧物に恋恋して国家千万年の大計を誤るものならんや[9]」と論じている。伝統を守ることよりも近代化が優先するのである。そして雪嶺は『真善美日本人』において、個性は真善美の世界において新しいものを創造することによって発揮されるのであると主張した。では真善美とはなにかというと、雪嶺は学術上に日本人が力を発揮するべきであること（真）、産業軍事のうえに力を発揮すべきこと（善）、芸術上に力を発揮すべきこと（美）を力説している。

『真善美日本人』は大きな視野に立って、実におおらかに、つまりロマンチシズムの香り豊かに論を進めている。読んでいると、はじめは飛躍がずいぶん多いではないかと警戒してしまうが、そのうちに視野の大きさと発想のおおらかさに驚かされる。たとえば雪嶺は日本人とは何かという問いから稿を起こしているのだが、その問いにどう答えるかというと、そもそも地球は広大だ、どこに生まれたからといって、自分はどこの国の人間だといってその国にしがみつこうとする。何と愚かなことか、などと書いている。そういっておきながら、人類が国家という鉄鎖につながれているのには立派な理由があるのだと雪嶺は論じる。人は人と交渉することを通じて、ひとりではとうてい持つことのできない大きな力を発揮する。それが多様なかたちで重層していくと、ついには巨大な能力を持つようになり、そうして「円満幸福」になるのだという。そのくだりは幾何級数を思わせる記述になっていて、おもしろいので引用しておこう。

「一人の一人と競うの能力は、十人の一団十人の一団と相角するによりて倍蓰し、十人の十人と争うの能力は、百人の一団百人の一団と相角するによりてさらに倍蓰し、もって千に至り万に至り十百万に至る。百万の団体、彼と此との二に止まらずして、若干の積数相対抗して相角し相競えば、その能力を表露することますます以て洪大を致し、かくて人類の繁殖は原人の無量劫前より急湍直下、自乗三乗の程をもって進み来たり、しかして画することなき能力の増大はようやくここに円満幸福の地位に向かって進むなり(10)」。

そしてこの円満幸福の地位というのが真善美なのである。多様で異質な存在があたかも交響曲のそれぞれのパートを奏でるようにして、それぞれの真善美を追究し、それらが全体の場において見事な調和と発展をもたらす。そういう姿を雪嶺は描いて見せた。雪嶺が描いた全体と個の関係は、個がそれぞれ個性を発揮し、また互いに競争することによって、実り豊かな発展をもたらし、それが全体の調和をつくり出すという関係である。ときには激しい対立が生じ、悲惨な結果をもたらすこともあるが、それとても発展途上に起こる軋みであり、最終的には調和に達するのである。

ときには悲惨な結果がもたらされることもあるが、それも発展途上の軋みととらえるべきだ、という考え方には気をつけなければならない。優勝劣敗の過程で弱者が滅ぼされたり支配されたりするのは、避けることができない、そういうことは受け入れるべきだというのであるから、帝国主義や侵略の正当化につながる。『真善美日本人』の中で、善とは産業軍事のうえに力を発揮することだと説いていることを思い起こしていただきたい。実際、雪嶺は東アジアにおける日本の行動を正当化しているのである。

帝国主義と政治思想

雪嶺が帝国主義的な行動を是認していたことは否定できまい。何しろ一八七〇年代以来、世界は帝国主義の時代であった。思えば一八七一年一一月に旅立った岩倉使節団が最初の訪問国アメリカに八カ月も滞在したのちに、イギリスに到着したのは一八七二年八月だった。イギリスに四カ月、フランスに二カ月滞在し、ドイツには三週間ほどの滞在だった。岩倉使節団がドイツを訪れたとき、ドイツは統一を果たして二年しか経っていなかった。このときビスマルク宰相が主宰する晩餐会で、ビスマルクは、世界は国ぐにが万国公法のもとで交際しているといっても、現実には大国が軍事力にものをいわせて小国を虐げている、そういう中でドイツは軍事力と愛国心によって生きのびてきたのだと述べたものだった。さかのぼれば、日本の指導層の脳裏にはアヘン戦争で中国が敗れた記憶が強く刻印されていた。国際社会は弱肉強食による淘汰、あるいは適者生存・優勝劣敗の世界である。適者生存というのは明治によく読まれた社会ダーウィニズムの概念である。そしてそういう世界において、一国の独立は軍事力によって自力で守るほかない。世界の国々は勢力均衡（バランス・オブ・パワー）のなかで生きのびている。維新の指導者たちはみなそういう認識を持っていた。

そういう時代であったから、雪嶺に対して、適者生存と勢力均衡をこえる国際政治のとらえ方を期待するのは無理というものであろう。重要なのは、それでありながら雪嶺は、適者生存と勢力均衡の中で多様の共存が実現するのだと考えていたことである。多様性の調和は適者生存と勢力均衡の道を通って実現するのである。だから雪嶺の文章には食うか食われるかといった切羽詰まった調子はない。

そのことは雪嶺と同じ立場に属していた陸羯南と比較すると歴然とする。一八九三年に書いた『原政及国際論』で、羯南は「狼呑」と「蚕食」というふたつの概念をもちいて帝国主義国の行動をつぶさに論じている。「狼呑」とは力ずくで他国を支配することであり、「蚕食」とは文化的経済的な支配を意味している。羯南の目には鹿鳴館の騒ぎも、不平等条約改正交渉の行方も、政府の動きが、みずから「蚕食」の危険に身をさらす行為に映っていた。「蚕食」を通じての「狼呑」の危険性について警鐘をならしたのである。羯南がいかにそれを憂えていたかは、『原政及国際論』全編に色濃くにじみ出ている。たとえばアフリカのアビシニア（現在のエチオピア）がイギリスに「狼呑」されたときに「時の酋長テオドロス」が死に際にイギリスの狡猾さを痛憤したとして、次のように書いている。「『初めには僧侶を以てし、次ぎには領事を以てし、終りには兵士を以てするか。』と云ひしは、偶然にも蚕食及狼呑の順序を喝破し得たりといふべし[11]」。アビシニアの運命が日本の運命に重なることを、羯南は真剣に危惧していたのである。

それにくらべると、雪嶺の文章にはどこか遠いところからながめているような調子がある。とはいえそれは表面だけのことである。一皮めくれば、危機感の違いこそあれ、雪嶺の国際観は陸羯南の国際観と違うものではないし、それどころか欧化をめざした藩閥官僚の国際観とも平仄を合わせている。明治政府は欧米を模範として近代化を進めた。国制も産業も欧米の仕組みにならい、国家の立ち居ふるまいも欧米にならった。ちょうど欧米諸国は帝国主義の時代に入っていて、すでに清国はアヘン戦争に敗れてイギリスの言い分を受け入れ、さらにアロー戦争によって力ずくで国際システムにひっぱり込まれていた。それも英仏軍が円明園を廃墟にするという暴挙のおまけつきだった。一八八三年には清仏戦争が起こり、フランスは北ベトナムを奪い取った。そしてそれを足がかりにして八七年には仏領インドシナを形成した。ロシアはシベリア鉄道の建設を急いでいた。清国領を通る東清鉄道が完成したのは一九〇三年のことである。こうしていよいよ東アジアにもヨーロッパ列強が手を伸ばしてきていた。

こういう国際情勢を目の前にして、日本は欧米列強の仲間入りを果たすことによって独立を維持しようとした。福沢諭吉のいう「脱亜入欧」である。中国や朝鮮の側に立って歩を進めるという大アジア主義の路線もなくはなかったが検討にあたいする考えとは見なされなかった。雪嶺は、そしてもちろん羯南も、欧米列強の仲間入りをめざすこと自体に何ら異論はなかったのである。先に引用した「文明境裡に泰西諸邦と馳駆するの上に於いて、不利なるものあらば、宜しく之を擲棄すべし、何ぞ旧物に恋恋して国家千万年の大計を誤るものならんや」という雪嶺の文を思い浮かべていただきたい。

ヘドリー・ブルは国家と国家の関係には人間と人間の関係に似ている側面があるとして、国際秩序が成り立つのは価値が共有されているときだと述べている。[12] 羯南は列強の帝国主義的な行動のおそろしさを強調したのに対して、雪嶺は共通の価値をもって列強の一員となったときのことを論じたのである。雪嶺のいう多様性とは列強クラブのメンバーの多様性なのである。

多様性と適者生存

多様性と適者生存は、雪嶺の中で矛盾なく共存していたが、それは列強クラブの仲間内だけでのことであって、列強とその他の諸国とを合わせた世界では、多様性と適者生存のどちらを優先するかによって結論はまったく違ってくる。多様性を優先するなら弱者を虐げることは許されない。適者生存を優先すれば弱者が滅びるのは優勝劣敗の法則にかなうことになる。

実は、雪嶺にはその両面があった。雪嶺は東アジアにおける日本の行動を正当化するときに後者の論理をもちいた。その反面、雪嶺は「三千の奴隷を如何にすへき」を書いて高島炭鉱で働く労働者の過酷な待遇を告発したし、のちに足尾鉱毒事件に強い憤りを発したし、大逆事件では堂々と幸徳秋水弁護の論陣をはった。また大逆事件後、危険思想を徹底的に取り締まろうとする政府の姿勢を強く批判した。思想取り締まりなどで青年を萎縮させてはならないというのである。危険思想がはびこることを警戒するあまり、青年が政治に関心を持たないようにするのは愚の骨頂だ。それでは国家の発展はない。「強者に従ひ、泣く児と地頭に勝たれず、お上の御無理御尤もとして経過せば、能く秩序を維持するを得んも、唯だ秩序を維持するに止まり、少しの発展する所なく、遂に漸く衰微すべきに非ずや」[13]。人びとがのびのびと能力を発揮し、自発的に国のことを思うようでなければ、国家の発展はないというのである。これは第二次桂太郎内閣の思想取締政策を真っ向から批判した堂々たる文章であるが、こういうところに三宅雪嶺の真面目があった。

『真善美日本人』の姉妹編として書かれた『偽悪醜日本人』は人びとの多様な活動を妨げるものを厳しいことばで批判している。最もきびしい批判を浴びせているのは、紳商、つまり政商である。雪嶺は紳商を批判して、紳商が公益の名に隠れて私利をむさぼっている。官僚に取り入り巨大な利権を掌中にしている。そのため真面目に営々努力する人びとは報われない。こうして紳商は社会を腐敗させていると述べている。「彼ら名を公益に仮りて私利を経営せり、有司に賄ふて官業を請け負へり、姦商なり、博奕商なり。……その譎以て法網を逃れ、其の智以て愚民を惑はし大官を誘ふ[14]」。このような紳商批判は政教社と密接な関係にあった新聞『日本』の陸羯南の主張と軌を同じくするものであった。

では何故紳商がはびこり社会は腐敗してしまったか。雪嶺はその遠因を征韓論政変に求めている。征韓論が起こったときには、勃々たる士気が人びとの間に充満していたのに、政府は諸外国の形勢を見て、いま武力でことをかまえるのは賢明でないとしてそれを押さえ込んでしまった。そのため人びとは萎縮し無気力になってしまった。「丈夫あり。休養憩息すること已に久しく、体力為に勃々乎として上騰し来たるとせん。然るに誤て背理の見解を懐き、運動するを害ありとし、尚ほ永く休憩するを以て心身を修養するに足るとせば、即ち如何[15]」。

このように、雪嶺が多様性を強調するのは、一方ではたしかに弱者の保護を意味していた。そして民衆の覇気を萎えさせてはいけないということを意味していた。その論の多くは国民がはつらつと活動できるようにしなければならないとして、「爵位禄利の伴はざる忠君愛国」、「人爵愈々多く天爵愈々貴し」など官尊民卑を叱ったものである。雪嶺は在野の立場から、数多くの政府批判の論説を『日本人』に書きつづけた。多様性を重んじる雪嶺の面目が躍如としているところである[16]。

しかし、それは対外戦争を否定するものではなかった。多様性の強調は国内に盛り上がる鬱勃たる士気に行動の機会を与えることであった。そして多様な人びとが一丸となって大きなエネルギーを発揮することが、弱肉強食の国際環境の中で日本が生きのびるための必須の条件だった。このように雪嶺の中では多様性と弱肉強食の両者が共存していたのである。高島炭鉱で働く鉱夫たちを惨状から救うことと民衆の勃々たる士気を抑え込むことは性格が違うのではないかと、われわれなら考えるが、雪嶺の胸の中では両者はそれほど違うものではなかった。もちろん雪嶺の視線は後者に向かっていたのである。

『明治思想小史』は一九一三年に丙午出版社から刊行された小さな本であるが、雪嶺の立場から見た明治の歴史が浮き彫りにされている。思想史とは銘打っているが、内容は政治外交史概論であり、雪嶺たちの主張（対外硬）が正しかったではないかという勝利宣言のような性格のものである。雪嶺のとらえた明治の歴史は次のようなものである。明治政府は、西南戦争で人びとの気概を強圧した。それは大きな誤りであった。人びとは萎縮してしまった。やがて政府はその誤った外柔内剛を改め、富国強兵にはげみ、日清日露の両戦役を経てようやく国際社会において独立の地歩をかためるに至った。それは、雪嶺らが口を酸っぱくしてとなえてきたことだった、というものである。人類社会で日本はやっと多様性の舞台にのぼることができた、いよいよ人類の調和発展に貢献することのできる立場を確保した、それは自分たちが年来主張してきたことではないか、と雪嶺は鼻高々だった。

対外硬、政商批判、日本らしさの自覚、それに西郷隆盛びいき[17]、それらの要素が雪嶺を当代随一の人気ジャーナリストに押し上げた。とくに一九一〇年ごろは雪嶺は言論人として絶頂にある時期だった。[18]だが大正デモクラシー時代になると、雪嶺はじょじょに過去の人と見なされるようになっていく。それでも明治・大正・昭和と三代にわたって、三宅雪嶺は徳富蘇峰とともにジャーナリストの最高峰に存在しつづけた。

特異な哲学書『宇宙』

三宅雪嶺は独創的な哲学者だった。処女作の『哲学涓滴』は西洋哲学史の書であり、『我観小景』（一八九二年）は実に独創的な哲学書で、宇宙の中における自分の位置をさがし当てようとする思索の書である。雪嶺はここで夢と覚醒に本質的な違いはないとか、宇宙には生命があるといった議論をしている。直観の領域にまで踏み込んで、全体と個の関係をとことんつきつめようとしているわけである。雪嶺は人間が身体を持つのと同じような意味で、宇宙も身体組織を持ち、人間が意識を持つのと同じように宇宙も意識を持っていると考えた。

宇宙も意識を持つなどといわれてもピンとこないが、雪嶺は人間が夢を見ているときも、目覚めているときと意識が働いていることでは同じだと考えていた。「覚醒は夢幻と均しく観念なり」。覚醒も夢幻も意識だということになれば、宇宙の物理的な法則も「意識」によって成り立たしめられていると考えてもよかろう。宇宙は人間の身体と同じくきわめて精密な機関であると考え、それとの類推で「宇宙は身体と均しく心意あり」と考えていた。[19]

その問題意識を雪嶺は持ちつづけ、日露戦後三年間にわたって「原生界と副生界」と題して『日本人』と『日本及び日本人』に連載した。それが大冊『宇宙』として刊行されたのは一九〇九年のことだった。宇宙にも意識がある。それは宇宙のごく微少な一部である人間の意識と同じ性質のものであるはずだ。それをもって雪嶺は渾一観と名づけた。宇宙には意識があるというと、最近の宇宙物理学の理論を思い浮かべる人がいるのではないかと思うが、三宅雪嶺はまさしく宇宙物理学者の桜井邦朋氏を思わせるような発想でものを考えていたのである。

雪嶺が世界の中の日本の位置を定めようとして国粋主義を主張したのは、宇宙と自己との関係と、世界と日本との関係を同じ方法に依拠してとらえたのである。全体と個についての雪嶺の思想は『宇宙』においてひとまず完成したといっていいだろう。しかし宇宙における渾一観と国際社会における弱肉強食がどうつながるのか。おそらくは次のようであろうと想像される。人類の使命が真善美の実現にあるとすれば、宇宙も真善美の実現をめざしているはずだ。真善美が実現する過程で何が起こるかは、人知をこえていて実際には測り知れない。したがってその途上で、弱肉強食が起こったとしても、それは宇宙の真意であるに違いない。わたしは雪嶺の考えを右のように想像するのであるが、雪嶺の真意はよくわからない。いずれにしても雪嶺は、自然法のような思考法でものを考えたのではなく、物理学的な、または社会進化論的な思考法でものを考えたのである。

このあたりは思想家としての雪嶺の特徴というべきであろう。雪嶺は非常に多作で、しかも守備範囲が非常に広かった。にもかかわらず、どう論じたらいいかわからない思想家で、それゆえ雪嶺研究もそれほど多いわけではない。雪嶺の文章には論理的な飛躍と思われるおおざっぱな表現が多いし、思索から夢想というべき内容にはみ出すことがしばしばである。哲学書である『我観小景』や『宇宙』にはとくにその傾向が強い。だから雪嶺はれっきとした哲学者であるのに、哲学史の中で定まった位置づけを与えられていない。しかし雪嶺には独特の風格があり、その文章には深みがある。その深みがどこからくるかといえば、人間世界の多様の共存が宇宙の秩序にまで通じているといった視野の高さからきている。そして同時にそれが雪嶺の弱みでもあった。福沢諭吉と比較してみると、雪嶺の思想の特質が見えてくる。

福沢は『学問のすゝめ』の中で、人間は権利通義において平等で、国と国の間も同じく平等であると述べている。しかし人と人の間にも国と国の間にも富強において格差がある。個人は富強になるためには学問をおさめて勤勉に努力しなければならない。そうしてはじめて一身独立する。そして個人が一身独立することを通じて、国もまた富強をいたすことができ、一国独立を達成するのである、と述べている。福沢の議論と雪嶺の議論は、一点だけを除いて同じである。どこが違うかといえば、人に権利通義があると同じように国にも権利通義があって、人と人が平等であるのと同じように国と国も平等だと考えるかどうかという一点である。福沢の主張には権利通義（権利）ということばがあるのに対して、雪嶺の主張にそれに該当することばは見えない。

権利通義と渾一観、両者の違いは法的思考と物理学的思考の違いである。だからといって国際政治についての福沢と雪嶺の態度が違うわけではない。日清戦争の勝利をふたりは手放しでよろこんでいるし、福沢は日露戦争前に没したが、仮に日露戦勝をその目で見たならば、やはり雪嶺と同じようによろこんだことであろう。だがそれにしても、長生きした雪嶺が第一次世界大戦後の国際秩序の激変に対して、さらに満州事変とその後の大陸侵略に対してとった姿勢を考えると、渾一観が民族自決や戦争違法化を受容する基盤にならなかったことは明白な事実である。日米戦争が始まると雪嶺の談話はときどき新聞にあらわれたが、それらはいずれも戦意高揚を叫ぶだけのものだった。

雪嶺は第二次世界大戦後まで生きた。『世界』創刊号（一九四六年一月号）に高齢の雪嶺の文章がのった。それは「各自能力の世界への放出」と題された三〇〇〇字足らずの文章で、その内容は五〇年以上前に書かれた『真善美日本人』の主張とまったく同じだった。

3　全体主義

政治における全体と個

前節で三宅雪嶺の思想を全体と個という視点から検討してみた。人間はどこから来てどこへ行くか、人間はなぜ生きるのか、といった問いは、人類の誕生とともに古い問いだろう。そういう問いに答えるには人間が何に属しているかということを探求しなければならない。人間が所属するところが全体である。そういう問いに対して、西洋の思想はそれまで日本人が知らなかった知識とともに、新しい探求方法を示した。それは人間と草花や動物をともに存在させる場を、そしてそれらを存在させる地球を他の星とともに存在させる場を、どうとらえるかというふうに考えた。

北村透谷や国木田独歩はエマーソンの超越主義（Transcendentalism）やカーライルの『英雄崇拝論』から直観と驚異による接近方法を学んだ。これに対して三宅雪嶺は天文学的物理学的な方法によって迫ろうとしたのである。雪嶺の方法は堂々たる哲学的方法だったが、その真価は認められなかった。

一九〇九年に『宇宙』が政教社から刊行された二年後、西田幾多郎の『善の研究』が登場した。西田もエマーソンと同じように自己の心の中に実在を把握する手がかりがあると考え、純粋経験の概念にたどりついた。西田は神や信仰なしで全体にたどりつく経路を見つけ出したのであったが、それは宇宙という全体ではなく人間という全体であった。そのことを心理主義だとして批判された西田はやがて長い年月をかけて「場所」の観念を見つけ出すことになる。「場所」はまことに巨大な全体だった。

雪嶺の哲学も西田の哲学もきわめて独創的な哲学であったが、やがて西田哲学は日本の哲学の主流になるのに対して、雪嶺の哲学は傍流に押しやられることになる。なぜそうなったかというと、いろいろな理由があろうが、そのひとつは西田哲学には切実な煩悶があったのに対して、雪嶺にはなかったからである。ちなみに前章で扱った幸田露伴も哲学者と見るべきではないかとわたしは考えている。露伴は堂々たる哲学者であったが、講談哲学史の本には登場しない。日本の近代哲学の概念が狭いこともあったが、露伴にも煩悶の要素はないことが大きな理由ではないかと思う。

さて政治思想における全体主義は、いままでの議論からいえば、全体の創造ではなく全体の破壊である。全体主義は個の全体に対する画一的な献身と没入を強調するが、全体と個の思想には、多様なものの調和がうたわれる。個性を消して献身と没入を強いるような側面はまったくないのである。

全体と個の関係の起源には多様の共存という本質がある。ところが、多様の共存は政治の世界に移されると、その途端にしばしばいちじるしくゆがんでしまう。そして似ても似つかぬ異様なものに変貌してしまうのである。民族自決といい、多数決制といい、多様の共存は政治においてきわめて重要な要素であるはずだし、だからこそ多元主義（プルーラリズム：pluralism）はいまや政治学において中心的な地位を占めるのである。しかし多様の共存が中心的な地位を占めるのは学問的な理論のうえのことであって、実際には政治の世界における多様の共存はたいへん脆弱である。戦争と民族差別はその顕著なあらわれである。全体の強調が異質なものの排除に容易に転化してしまうのである。全体への融合が異質なものの排除に向かう血塗られた歴史を、人類は繰り返し経験してきた。だからこそ、政治学は多元主義を重んじなければならないのである。

全体の強調はしばしば多様性の消滅をめざす。民族浄化、無階級社会、宗教統一などなど、そのとき、全体の強調がいかに無惨な所業を呼び出すか、第一次世界大戦以後の世界だけを見ても歴然としている。ナチスの「強制的同質化」や戦時期日本の「国体明徴」や冷戦期アメリカのマッカーシイズムや文化大革命時代の中国の紅衛兵、カンボジアのポルポトなどなど、枚挙にいとまがない。

ドストエフスキーの『罪と罰』

政治における全体と個を考えるとき、わたしがいつも想起するのはドストエフスキーである。ドストエフスキーはそれ以前には例のない、煩悶小説とも思想小説とも見られる心理主義的な小説を書いた。トルストイの『戦争と平和』にせよバルザックの『ゴリオ爺さん』にせよ、ディケンズの『大いなる遺産』にせよ、ユゴーの『レ・ミゼラブル』にせよ、多くの個性的な人物が登場して、大きな物語が動いていく。そこに社会の姿がパノラマのように描かれた。しかし『罪と罰』から『カラマーゾフの兄弟』に至るドストエフスキーの文学は、それまでの一九世紀のヨーロッパの小説になかった、まったく新しいタイプの小説だった。『罪と罰』に描かれる一九世紀中ごろのロシア社会の様子はうすい影のようである。ペテルスブルクのまちは描かれているが、ロシア社会は背景画のようである。パノラマのごとく展開するのは社会ではなく主人公の内面の異様な心理である。

ドストエフスキーは一八六六年、『罪と罰』を『ロシア通信』誌に連載した。断続的に発表され同年一二月号で完結した。『罪と罰』の登場は衝撃的だった。この年ロシア中どこへ行っても『罪と罰』の話題で持ちきりだった。『罪と罰』に描かれているのは主人公の頭の中にうごめく異様な観念であり、そして悔悛にいたる内面のドラマである。

主人公のラスコーリニコフは大学を中退した若者である。罪悪はそれを上回る善行によって償われるという思想を抱き、強欲な金貸しの老婆を殺害して奪った金を孤児院に寄附しようと考える。主人公のラスコーリニコフは凶悪な犯罪を犯せるタイプではない。小心で善良な若者である。そういう若者に奇妙な妄念がとりついてしまう。強欲な老婆を殺害して奪った金を世の中のために役立てて、そのどこが悪いのか、と。そして実際に凶行に及ぶ。だがそのとき、たまたま現場にやってきた老婆の妹までも手にかけてしまう。理性も良心も教養もある人間が、異様な観念にとりつかれておそろしい殺人行為に手を染めてしまうのである。

物語はさながら倒叙探偵小説のような展開をたどる。老婆を殺害したラスコーリニコフは、きわどいところで刑事の執拗な追及をかわしていくのである。しかし彼は気高い心を持つ娼婦ソーニャと出会う。ソーニャは貧しい家の娘である。家族のために娼婦になったのである。そしてソーニャの汚れない魂にふれて、ラスコーリニコフはついに自首する。いろいろな情状が酌量されて、判決は寛大なものだった。

物語はそこで終わらない。実をいうと、自首したあともラスコーリニコフは悔悛していたわけではなかった。彼は非凡な犯罪者になれなかった自分を恥じているだけなのである。やがてシベリアで服役しているうちにラスコーリニコフは貧しくて無学な受刑者たちがどんなに心根の良き人たちであるかを知るようになる。そして本当の問題は自分が非凡な人間でないなどということではない、と気づくのである。

物語はラスコーリニコフがソーニャとの愛をたしかめるところで終わるが、その少し前に病気で寝ていたラスコーリニコフが熱に浮かされて夢を見る場面がある。全世界がおそろしい疫病に襲われ、一握りの人を除いてすべて死に絶えてしまうという夢である。その疫病は発病すると自分は絶対的に正しい人間だと信じ込むという病気で、発病した人びとは互いに理解できなくなる。すさまじい混乱が襲い、多くの人が死ぬ。とうとう農業だけが残るが、それもつかの間、人びとの争いは絶えない。結局わずか数人の人だけが生き残る。しかしどういう人たちが生き残ったのか、知る者はいない。

この夢は思想と正義を信じる人間がおちいる絶望的な孤独をほのめかしている。それに対して無学でも貧しくても、心根が良く純朴な人たちの心には大地のような一体性がある。その一体性の中に入るには、思想や知識はすて去るべき不純物なのである。このようにして『罪と罰』では、自我を無にして他者との全一的な融合に入るというテーマが、さまざまな場面を踏みつつじょじょにクライマックスに向かって盛り上がっていくのである。

ドストエフスキーが読者に示す全体は、貧しくて無学で粗暴だが、心根の善良な受刑者たちを包み込んで成り立つ全体である。彼らが含まれていてこそ、ラスコーリニコフははじめて真に悔悛するのである。だから彼らがいなければ全体は成り立たない。素朴で単純な人たちを含む全体であるからこそ、人はそこにたましいの救済を求めることができるのである。ドストエフスキーはそういう思想を小説のかたちでなまなましく提示して見せた。だから読者は心を揺さぶられた。そのうえ、そこには正教的な全一的融合の教えと響き合うものがあったのである。

ドストエフスキーの反ユダヤ主義と反功利主義

さてドストエフスキーは多くの読者を深く感動させた。最晩年のプーシキン記念祭での講演は聴衆の心を揺さぶり、熱狂的な喝采を浴びた。そのことはいまも語り継がれている。全体への融合をとなえて人びとを感動させたドストエフスキーだったが、彼の政治思想とラスコーリニコフの悔悛は同じ平面にはないといわねばならない。たとえばドストエフスキーは激しい反ユダヤ主義者であり反トルコ主義者であった。露土戦争では先頭に立って主戦論を叫んだのである。彼が他者との全一的な融合をとなえるとき、彼の脳裏にはロシアの貧しい農奴はいても、イギリスの片田舎に住む農家の娘はいなかったのである。

ドストエフスキーはスラブ派の知識人であり、西欧的な思想が全ロシア人の一体性を損ねると考えていた。人は自我を無にすれば、それによって他者との全一的な融合に入ることができる、という正教的な思想を抱懐していた。それゆえ「啓発された自己利益」のような考え方を強く拒否した。それが激しい反ユダヤ主義につながっていた。反ユダヤ主義は一九世紀後半のヨーロッパの知識人にはよく見られたことであったが、ユダヤ人に対するドストエフスキーの差別意識はすさまじい。

反ユダヤばかりか反トルコの叫びもすさまじいものがあった。ドストエフスキーは現実政治の動きを熱心に注視していた。『作家の日記』では、東方問題、つまりオスマン・トルコをめぐる外交問題について、諸国の動静を注視し、繰り返し繰り返し取り上げ、大臣が何と発言したかとか、大将がどんな行動をしたかといったことをこまかく取り上げて論評している。その都度スラブ主義の立場でロシアを擁護している。そして対トルコ開戦を声高に主張している。なぜ全体への没入がこれほど激しい反ユダヤ主義や反トルコ主義につながってしまうのか、納得のいく説明をするのは不可能であるというほかない。

ドストエフスキーが功利主義的な思想に反発したのは、自己弁護のための開き直りではないか、といいたくなる人も多いだろう。ドストエフスキーの生活は滅茶滅茶だった。博打にのめり込み、借金を重ね、知人友人との間に何度ももめごとを起こした。ドストエフスキーは破滅型あるいは自己劇化型で、いやというほど理性が欲望に翻弄される経験をした。賭博の誘惑に何度もふりまわされた経験があるからか、ドストエフスキーは理性によって秩序や正義を実現することができるというチェルヌイシェフスキーのような考え方に激しく反発した。おかしなもので、だれにも欲望に翻弄され誘惑に負ける面があるからか、ドストエフスキーの極論にうなずく人もあらわれるわけである。

ところで本題からそれるが、『罪と罰』の日本への影響についてひとことふれておきたい。日本では一八九二年から九三年にかけて内田魯庵が翻訳した。魯庵が『罪と罰』を英訳で読んだのは一八八九年のことであった。『罪と罰』を読んだとき魯庵は「あたかも曠野に落雷に会うて目眩めき耳聾いたる如き、今までにかつて覚えない甚深の感動を与えられた。こういう厳粛な敬虔な感動はただ芸術だけでは決して与えられるものでないから、作者の包蔵する信念が直ちに私の肺腑の琴線を衝いたのであると信じて作者の偉大なる力を深く感得した」と思った。それ以来、魯庵の小説に対する考えは一変した。硯友社ふうの文学を好まなかった魯庵は文学を暇つぶしの娯楽くらいにしか考えていなかったが、深い思想の表現手段だと考えるようになったのである。

満州事変と露土戦争

露土戦争（一八七七年四月〜一八七八年三月）が目前に迫ったとき、ドストエフスキーは戦争に飢える民衆の側に身を置いた。その主張は『作家の日記』に如実にあらわされている。『作家の日記』は一八七三年から一八八〇年まで、月刊誌のかたちで刊行された時事評論の性格の強い作品である。露土戦争でロシア民衆がわき上がったとき、ドストエフスキーは好戦的な言辞をほしいままにした。一八七六年六月の『作家の日記』ではドストエフスキーは、西欧に対する激しい対抗心をむき出しにし、「金角湾とコンスタンチノープル――これらはことごとく、われわれのものになるであろうが、それは侵略のためでも暴力のためでもないと、私は答えよう[20]」と書いている。他国の首都を奪うことが「侵略でも暴力でもない」というのだから、いくら一九世紀後半の時代のことばだといっても、はなはだ攻撃的である。いやこれこそまさしく侵略的である。

一方、一九三〇年代の日本でも民衆は大陸における陸軍の行動に嵐のような拍手を送っていた。一九三一年九月一八日、柳条湖で南満州鉄道が爆破されたことを理由に、関東軍は軍事行動を起こした。

爆破は関東軍の自作自演だった。陸軍はまたたくまに中国東北部（満州）の大部分を占領して、民衆は歓喜し、軍部に対する熱烈な支持が盛り上がった。そして日本主義の叫びが日を追うごとに激しくなっていった。日本主義者は天皇への帰一を叫び、国民が日本精神に統一されることを要求した。共産主義はもとより、社会主義も、民主主義も、自由主義も、「国体」に合致しないものとして手当りしだい攻撃の対象とされた。ドストエフスキーが反西欧、反功利主義の思想をとなえスラブ民族の全的融合を叫んだのと同じように、日本主義もまた反西欧、反功利主義をとなえ、日本民族の全体への没入を叫んでいた。いまや全体と個の関係は、かつて三宅雪嶺が考えていたものとは似ても似つかぬものになっていった。

ただしここから先が重要なところであるが、日本主義者がとなえた全体への没入は、大地に生きる貧しくて無学な農奴との全一的な融合ではなく、自己を無にしての国体への没入と天皇への帰一だった。ドストエフスキーは読者の心を揺さぶったが、日本主義者は人びとの心を揺さぶったというより脅したというべきだろう。なぜなら日本主義者のとなえた全体を代表したのは楠木正成であり広瀬武夫中佐であり肉弾三勇士だったからである。みな武人であり、しかもみな戦死していたのである。全体への没入は死という踏切をこえた向こうに見えるものだった。

ラスコーリニコフが刑務所で出会った人びとは素朴な心の持ち主で、わたしなどは国木田独歩の「源おぢ」を連想してしまうのであるが、ラスコーリニコフが見た人たちは柳田国男がいとしんだ「常民」につながるものがある。しかし一九三〇年代の日本主義には、大地に生きる貧しい農民の姿は見えないのである。日本主義者たちが日本精神の具現と考えた人物は、大地に生きる純朴な農夫や

「常民」などとは縁もゆかりもないタイプだった。一九三三年、国文学者の山田孝雄が『国体の本義』（宝文館）という本を書いている。これは文部省が三七年に出した『国体の本義』とは別の私的な著書で、天皇機関説問題が持ち上がる前に書かれたものである。山田孝雄は、日本の国体の優越性を万世一系の天皇が治めるところに求め、日本国家の精神を「神ながらの道」であるととらえる。では「神ながらの道」とは何かというと、太古からの民族の歴史にそって「日本国民の精神の展開につれて実現しつつ進み行く有様をいふ」と定義している[21]。そして「我が国体に関する国民思想は永遠に滅ぶることは断じてあらざるなり」と主張している。

山田孝雄は本居宣長に心酔した国文学者で、山田によれば、国学は国体を明らかにした学問であった。村岡典嗣のように、宣長の方法は文献学（フィロロギー）と同じだというとらえ方ではなかった。たしかに本居宣長は『古事記』を聖典のように信奉した。それなら山田のいう国民思想の中心にあるものは『古事記』なのかというと、必ずしもそうではない。山田が国民精神の神髄をあらわすものとしてあげているのは、「楠木正成が兄弟相誓ひて七たび生まれて君に報いむといひしものは即ちこの国民思想の不朽の生命を語るものなり。吉田松蔭の七生説も、広瀬中佐の思想も要するにこの思想の不滅を告ぐるものなり。かくしてわが国体はその根拠たる国民思想と共に永遠にかはるべきものにあらざるなり[22]」。山田孝雄が例示するのは、『万葉集』に出てくる相聞歌のつくり手でもなければ、『今昔物語』に出てくる信心深い農民でもない。楠木正成・正季兄弟であり、吉田松陰であり、広瀬中佐なのである。たしかに『古事記』に登場する神や人の中から、楠木正成や吉田松陰や広瀬武夫にあたる人物を見つけるのは困難だろう。それにいちばん近いのは『日本書紀』の日本武尊くらいだろうか。『古事記』では倭建命と表記されるが、『古事記』の倭建命は日本主義者のめがねにかなわないだろう。『日本書紀』の日本武尊は天皇に忠実であるのに対して、『古事記』の倭建命は父天皇に愛されない悲劇的な英雄だった。

本居宣長は『古事記』を信奉したのであったし、何より宣長は人間のまことの心情を非常に重く見ていた。『紫文要領』で宣長は、戦場でいさぎよく討ち死にする武士も、ありのままの心は、故郷の親も恋しいし妻子にもひと目会いたいと思うし、命もおしいだろう。それは人情のまぬかれないところだ、だから「たれとてもその情はおこるべし」と述べている。山田孝雄はそのことは百も承知のうえであったと思われるが、『国体の本義』にはふれられていない。もちろんふれたら都合が悪かったのである。山田孝雄が称揚するのは死をおそれないことであるが、宣長は死をおそれるのは人間の自然の情だといっているのである。

一九〇七年に書かれた芳賀矢一の『国民性十論』とくらべると、同じ国文学者の著書でありながら、何という違いだろうか。四半世紀の時間の隔たりがふたりの国文学者の言説を大きく違わせているのである。山田は芳賀の名前をあげずにその議論を取り上げて、芳賀の論は国民性の本質にも国体の根柢にも届いていないと批判している。一九三〇年代はまさしく軍国主義の時代だった。一九三一年に満州事変が起こると国民は陸軍の軍事行動に熱烈な歓声を上げた。時代の空気は大きく変わったのだった。

和辻哲郎の日本倫理思想史は、まさしく日本国民の精神の歴史的展開を丁寧に追いかけたものであった。だが和辻は能や浄瑠璃や歌舞伎や軍記物や家訓などを幅広く渉猟して、それを儒学者や国学者の著書に絡ませつつ、倫理思想の展開に迫っている。和辻は楠木正成や吉田松陰の七生説だけに日本精神の神髄を見るような迂闊なことはしなかった。和辻は士道としての武士道と献身の道徳としての武士道を区別し、仁愛や義を説く士道に人倫的国家の理念が息づいていることを明らかにしようとした。献身の道徳としての武士道は是非善悪を問わず主君のために身をささげるのであるから、仇討ちやテロを正当化しかねない危険な思想と見ていた。日本主義者は献身の道徳を日本精神の神髄として賞賛したのである。

政治における全体主義が全体の破壊であるゆえんがおわかりいただけたことと思う。

註

（1）『明治文学全集29　北村透谷集』筑摩書房、一九七六年、一四六ページ。
（2）『増補版定本国木田独歩全集』第6巻、学習研究社、一九九五年、七一ページ。
（3）『明治文学全集66　国木田独歩集』筑摩書房、一九七四年、二六〇ページ。
（4）同右、二六〇ページ。
（5）『増補版定本国木田独歩全集』第6巻、四九ページ。
（6）同右、六一ページ。
（7）『明治文学全集37　政教社文学集』筑摩書房、一九八〇年、一〇一ページ。
（8）『明治文学全集33　三宅雪嶺集』筑摩書房、一九六七年、二〇〇～二〇一ページ。
（9）『三宅雪嶺集　近代日本思想大系5』筑摩書房、一九七五年、二五三ページ。
（10）『明治文学全集33　三宅雪嶺集』二〇三ページ。
（11）『陸羯南全集』第1巻、みすず書房、一九六八年、一四八ページ。アビシニアは現在のエチオピアのこと。エチオピア皇帝テオドロス二世はエチオピア中興の祖とされるが、友好関係にあったイギリスと対立して、一八六八年、マグダラの戦いで惨敗する。悲嘆にくれたテオドロス二世は自害した。羯南はこのことを述べているのであるが、エチオピアはこのあとイギリス植民地になったわけではない。エチオピアはリベリアとともにアフリカ分割が進む中で独立を守りつづけた。

(12) ヘドリー・ブル『国際社会論　アナーキカル・ソサイエティ』臼杵英一訳、岩波書店、二〇〇〇年。

(13)『明治文学全集33　三宅雪嶺集』三三八ページ。

(14) 同右、二二九ページ。

(15) 同右、二二七ページ。

(16) この時期の雪嶺の時論は一九一六年に刊行された『想痕』に収められている。『想痕』は一四〇〇ページにもなる大部な書で、一八九〇年代後半以後の主要な時論がほとんど収められている。

(17) 三宅雪嶺には「西郷隆盛とガリバルディ」という評論がある。

(18) 一九〇九年六月号で雑誌『太陽』が読者に各界の泰斗について人気投票をおこなったところ、雪嶺は徳富蘇峰、島田三郎、池辺三山らを断然引き離して首位に選ばれた。佐藤能丸『明治ナショナリズムの研究　政教社の成立とその周辺』芙蓉書房出版、一九九八年、一四〇ページ。

(19) かっこ内の文章はいずれも雪嶺の『我観小景』に見える文章である。『明治文学全集33　三宅雪嶺集』筑摩書房、一九六七年、二四九、二六三ページ。

(20)『決定版ドストエフスキー全集』第18巻、新潮社、一九八〇年、一四ページ。

(21) 山田孝雄『国体の本義』宝文館、一九三三年、一五三ページ。

(22) 同右、一五三ページ。

参考文献

広岡守穂『日本政治思想史』有信堂、二〇二〇年。

広岡守穂『政治と自己実現』中央大学出版部、二〇一二年。

広岡守穂『通俗小説論』有信堂、二〇一八年。

広岡守穂『近代日本の心象風景』木鐸社、一九九五年。

広岡守穂『ジェンダーと自己実現』有信堂、二〇一五年。

広岡守穂『抒情詩と叙事詩』土曜美術出版販売、二〇一八年。

三谷太一郎『近代日本の戦争と政治』岩波書店、二〇一〇年。

三谷太一郎『第三版　大正デモクラシー論　吉野作造の時代』東京大学出版会、二〇一三年。

坂野潤治『日本憲政史』東京大学出版会、二〇〇八年。

坂野潤治『日本近代史』ちくま新書、二〇一二年。

北岡伸一『官僚制としての日本陸軍』筑摩書房、二〇一二年。

北岡伸一『日本政治史　外交と権力（増補版）』有斐閣、二〇一七年。

入江昭『日本の外交　明治維新から現代まで』中公新書、一九六六年。

入江昭『新・日本の外交　地球化時代の日本の選択』中公新書、一九九一年。

松本三之介『明治思想史　近代国家の創設から個の覚醒まで』新曜社、一九九六年。

『陸羯南全集』全10巻、みすず書房、一九六八〜一九八五年。

『明治文学全集33　三宅雪嶺集』筑摩書房、一九六七年。

『近代日本思想大系5　三宅雪嶺集』筑摩書房、一九七五年。

『人間の記録43　三宅雪嶺　自伝／自分を語る』日本図書センター、一九九七年。

『明治文学全集34　徳富蘇峰集』筑摩書房、一九七四年。

『近代日本思想大系8　徳富蘇峰集』筑摩書房、一九七八年。

『明治文学全集91　明治新聞人文学集』筑摩書房、一九七九年。

『石橋湛山著作集』全4巻、東洋経済新報社、一九九五〜一九九六年。

『石橋湛山評論集』岩波文庫、一九八四年。

吉野作造『中国・朝鮮論』松尾尊兊編、平凡社、一九七〇年。

『吉野作造選集』全16巻、岩波書店、一九九五〜九六年。

『吉野作造評論集』岩波文庫、一九七五年。

『清沢洌評論集』岩波文庫、二〇〇二年。

『明治文学全集40　高山樗牛・齊藤野の人・姉崎嘲風・登張竹風集』筑摩書房、一九七〇年。

『定本小川未明小説全集』全6巻、講談社、一九七九年。

『新装版柳宗悦選集』全10巻、春秋社、一九七二年。

『露伴全集』全41巻、別巻2巻、付録1巻、岩波書店、一九七八〜一九八〇年。

『正宗白鳥全集』全30巻、福武書店、一九八三〜一九八六年。

『増訂版　定本国木田独歩全集』全10巻別巻1、学習研究社、一九七八年。

『明治文学全集29　北村透谷集』筑摩書房、一九七六年。

『近代日本思想大系20　大杉栄集』筑摩書房、一九七四年。

『近代日本思想大系31　明治思想集Ⅱ』筑摩書房、一九七七年。

『明治文学全集37　政教社文学集』筑摩書房、一九八〇年。

『決定版ドストエフスキー全集』全28巻、新潮社、一九七八〜一九八〇年。

小山文雄『陸羯南　「国民」の創出』みすず書房、一九九〇年。

中野目徹『三宅雪嶺』吉川弘文館、二〇一九年。

米原謙『徳富蘇峰　日本ナショナリズムの軌跡』中公新書、二〇〇三年。

有山輝雄『徳富蘇峰と国民新聞』吉川弘文館、一九九二年。

松尾尊兊『近代日本と石橋湛山　『東洋経済新報』の人びと』東洋経済新報社、二〇一三年。

山口正『思想家としての石橋湛山　人と時代』春風社、二〇一五年。

姜克實『石橋湛山』吉川弘文館、二〇一四年。

田澤晴子『吉野作造と柳田国男　大正デモクラシーが生んだ「在野の精神」』ミネルヴァ書房、二〇一八年。

関谷博『幸田露伴の非戦思想　人権・国家・文明　「少年文学」を中心に』平凡社、二〇一一年。

塩谷賛『幸田露伴』上、中、下の1、下の2、中公文庫、一九七七年。

鶴見俊輔『柳宗悦』平凡社、一九七六年
池辺一郎・富永健一『池辺三山　ジャーナリストの誕生』みすず書房、一九八九年。

柳田泉『随筆明治文学2　文学篇・人物篇』平凡社、二〇〇五年。

佐藤能丸『明治ナショナリズムの研究　政教社の成立とその周辺』芙蓉書房出版、一九九八年。

『秋山清著作集7　自由おんな論争』ぱる出版、二〇〇六年。

清原康正・鈴木貞美編『史話日本の歴史31　闊歩するモ

ボ・モガ　昭和モダニズムの光と影』作品社、一九九一年。

鈴木健二『戦争と新聞　メディアはなぜ戦争を煽るのか』ちくま文庫、二〇一五年。

和田春樹ほか編『東アジア近現代通史2　日露戦争と韓国併合　一九世紀―一九〇〇年代』岩波書店、二〇一〇年。

古島一雄『一老政治家の回想』中公文庫、一九七五年。

原勝郎『日本中世史』平凡社、一九六九年。

石母田正『中世的世界の形成』東京大学出版会、一九五七年。

馬場啓之助『マーシャル　近代経済学の創立者』勁草書房、一九六一年。

復刻版『小国民』別冊、不二出版、一九九九年。

伊藤整『新装版日本文壇史4　硯友社と一葉の時代』講談社、一九七四年。


アルフレッド・マーシャル『経済学原理』馬場啓之助訳、東洋経済新報社、一九六七年。

アルフレッド・マーシャル『産業と商業』永澤越郎訳、岩波ブックセンター信山社、一九八六年。

ヨハン・ガルトゥング『ガルトゥング平和学の基礎』藤田明史編訳、法律文化社、二〇一九年。

T・W・シュルツ『農業近代化の理論』逸見謙三訳、東京大学出版会、一九六六年。

アンソニー・ギデンズ『国民国家と暴力』松尾精文・小幡正敏訳、而立書房、一九九九年。

ヘドリー・ブル『国際社会論　アナーキカル・ソサイエティ』臼杵英一訳、岩波書店、二〇〇〇年。

ベネディクト・アンダーソン『定本想像の共同体　ナショナリズムの起源と流行』白石隆・白石さや訳、書籍工房早山、二〇〇七年。

あとがき

この本は『日本政治思想史』の続編である。前著は幕末から第二次世界大戦までの政治思想史を描こうとして執筆を始めたのだが、たいへん大きなページ数になりそうなのでいったん中途で終えた。そして本来なら前著におさまるはずの部分が一冊になって本書になっている。

本書の第一章と第二章は、国際環境への適応という観点から政治思想史をとらえている。これは前著にない大きな欠落だったし、国際観という視点で明治の思想をとらえる研究もそれほど蓄積していないように思う。それゆえにこのテーマに挑戦したのだが、この部分を書きながら、わたしはいかに軍部とりわけ陸軍の国際観が危なっかしかったかをあらためて確認している気持ちになった。

明治の日本が生きたのは帝国主義の時代だったから、軍人は戦国大名のような発想を持っていなければならなかった。だが少しでもそういう発想を持ち得たのは、たかだか山県有朋から桂太郎や寺内正毅の世代までであって、それ以後になると軍人として持つべき知見を持っていたのは宇垣一成くらいだった。山県、桂、寺内にしても、毛利元就や武田信玄にくらべ得る知見を有していたかというとかなり怪しい。身の丈に合わない軍備拡張、人心収攬を度外視した植民地経営などなど、そのつけを、日本人は二一世紀の今日になってもいまだに払わされている。

日清日露の両戦争に勝って、日本は帝国主義国の仲間入りを果たした。そして帝国化は軍事化と民主化をもたらした。大国に勝利したのだから軍人の威光が輝いたのは当然だったが、軍の思想は、思想というほどのものがあったとしてのことだが、今日から見るといかにも非合理である。軍人は最も合理的であるべきなのに、火力より銃剣突撃を重視したことはもとよりだが、悲運に倒れた軍人を軍神扱いしたり、女性を兵力として考えもしなかったりといったこともふくめて、首をかしげることが多い。戦国大名だったら領国はたちまち滅亡したに違いないと思わされてしまう。

戦争は民主化をもたらす。日露戦争前後の桂園時代から政党内閣の時代まで、戦争に協力した政党の発言力は高まり大正デモクラシーの時代が到来した。だが政治家や言論人の国際観はどうだったかというと、こちらも威勢がいいばかりで危なっかしいことは同断であった。協調外交派も対英米協調なのであって、中国に対しては全然協調的ではなかった。はなはだ強硬だった。中で国際政治をよく洞察していたのは吉野作造だったと思うが、吉野のような現実感覚豊かな人材は陸軍にこそ大勢必要だった。

ついでに述べるが、日本の外交思想や国際観はどうにももの足りない。陸奥宗光や吉田茂のような人しか外交の英雄として持ち上げることができないのは残念である。今日に至る日本外交の軌跡を顧みるにつけても、外務省にこそ吉野作造のような人物が大勢必要だった。

第三章は、本来前著に収録すべき内容であった。大正デモクラシーを論じるときにアナーキズムは欠かすことができない。広い意味でのアナーキズムの思想を扱ったが、一九二〇年代のアナーキズムが主張したのは今日の平和研究者がいう構造的暴力、文化的暴力とのたたかいだった。仮にアナーキズムという概念をつかわないとしても、国家より社会を重視し、身近なところから社会変革を訴えた。そして社会変革において、マルクス主義者が主張したようなコントロールタワーの必要性を認めない。そんな思想が広がった。そういう視点から高く評価するべきだと考えている。

第四章では幸田露伴を扱った。露伴は勤勉とものづくりについての堂々たる思想をやや古めかしい語彙で表現した。幸田露伴はたくさんの子ども向け読み物を書いている。大人向けの人生訓めいた文章はけっこう俗っぽいのだが、同じことを語っても、それが子ども向けになるとにわかに生彩を発する。露伴の本領は子ども向けの読み物にあるのではないかと、わたしは秘かに考えている。日本の近代文学は夏目漱石と川端康成と小林秀雄と自然主義を中心にして発展してきた。歴史や政治に真っ向から取り組んだのは、吉川英治、大佛次郎、白井喬二ら、もっぱら大衆小説作家だったかの感がある。それゆえかどうか、幸田露伴に対する評価も、いまだに正鵠を外しているように思われてならないのである。

第五章では、「全体と個」というテーマを追いかけてみた。前著には「リアル」というテーマで考察した章があるが、それと類似の性格を持つ章である。政治思想は人間生活の原型に照らすとずいぶん不自然な要素をおびている。自分という生身の人間がどうして日本という国家からああしろこうしろ、どう考えろと指示されなければならないのか、理不尽に感じた人は少なくないだろう。よその国に出かけるのにどうしてパスポートがいるのだろうか。ところが人びとは往々にして「全体」を引き合いに出し、「全体」に同調することを促すのである。前著の第六章で和辻哲郎を論じたときに論じ切れなかったことに手を伸ばしてみた。

本当は一九八〇年代の政治思想まで手を伸ばしたかったが力尽きた。定年間近になって、いまはいくらでも書ける気分である。

わたしはこれまで子育てのエッセイを書いたり、詩や小説を書いたり、作詞したりしてきた。書くことが好きなんだろうと思う。

でもそろそろ年貢の納めどきかなと、だれにも聞こえないようにつぶやいている。

広岡　守穂

著者紹介

広岡　守穂（ひろおか　もりほ）

中央大学法学部教授。1951年生まれ。

おもな著書に『「豊かさ」のパラドックス』（講談社現代新書）、『男だって子育て』（岩波新書）、『父親であることは哀しくも面白い』（講談社）、『妻が僕を変えた日』（フレーベル館）、『政治と自己実現』（中央大学出版部）、『市民社会と自己実現』（有信堂）、『ジェンダーと自己実現』（有信堂）、『通俗小説論』（有信堂）、『抒情詩と叙事詩』（土曜美術社出版販売）、『日本政治思想史』（有信堂）などがある。

続日本政治思想史

2020年12月10日　　初　版　第1刷発行　　〔検印省略〕

著者©広岡 守穂／発行者　髙橋 明義　　印刷・製本／亜細亜印刷

東京都文京区本郷1−8−1　振替 00160-8-141750
〒113-0033　TEL (03)3813-4511
FAX (03)3813-4514
http://www.yushindo.co.jp
ISBN978-4-8420-5025-6

発 行 所
株式会社 有信堂高文社
Printed in Japan

人名索引

サ　行

タ　行

ナ　行

ハ　行

マ　行

ヤ　行

ラ　行

ワ　行

事項索引

ア　行

カ　行

サ　行

タ　行

ナ　行

ハ　行

マ　行

ヤ　行